Brigitte Wilmes-Mielenhausen

Das Krippenkinder SpieleBuch

Bedürfnisorientierte Angebote,
umfassende Materialempfehlungen und
viele Ideen für die pädagogische Praxis
zur Beschäftigung mit den Kleinsten

Illustrationen: Petra Lefin

Ökotopia Verlag, Münster

Impressum

Autorin   Brigitte Wilmes-Mielenhausen

Illustratorin   Petra Lefin

Satz   Hain-Team, Bad Zwischenahn

ISBN   978-3-86702-090-9

3. Auflage 2011
© 2009 Ökotopia Verlag, Münster

Inhalt

Vorwort

Ein Blick in den Gruppenraum der Kinderkrippe „Rappelkiste" zeigt dem eintretenden Gast ein buntes Bild:

Ein Kleinstkind sitzt, nur mit einer Windel bekleidet, in einer Spielmulde, die mit Kastanien bis zur Hälfte gefüllt ist, wühlt mit den Händen vergnügt darin herum. Ein weiteres Kind schwingt in einem Schaukelsitz fröhlich hin und her.

Zwei Krabbelkinder klettern eine mit Teppichboden überzogene Treppe hinauf. Offensichtlich wollen sie ein höher gelegenes Podest mit Geländer erreichen.

Vor einem Wandspiegel übt ein mobiles „Laufkind" seine ersten Schritte. Nicht weit davon entfernt knien zwei Kinder, bekleidet mit langen Malkitteln, vor einem großen Stück Papier, patschen mit Fingerfarbe darauf herum.

Dem Betrachter wird gleich klar: Hier wurde eine bunte Spielwelt geschaffen, die offensichtlich den Bedürfnissen sehr junger Kinder gerecht wird und viel Raum für Eigeninitiative lässt. In diesem Raum wirken kleine Kinder gar nicht „klein" (im Sinne von hilflos), sondern erstaunlich geschickt, kreativ und kompetent.

Spielen ist – schon von Babytagen an – Voraussetzung und Quelle für die kindliche Entwicklung. Im Spiel werden sinnliche, körperliche, emotionale, kognitive und soziale Fähigkeiten erprobt und entwickelt.

Das vorliegende Buch bietet viele praktische Spiel-Ideen für ErzieherInnen (aber auch Tagesmütter/-väter und Eltern), die oft vor der Situation stehen, aus einer alltäglichen Situation heraus – sozusagen im „Handumdrehen" – eine altersgemäße Spielidee entwickeln und begleiten zu müssen. Da bleibt manchmal wenig Zeit, lange nachzudenken, nachzuschlagen oder etwas aufwendig vorzubereiten.

In dieser praktischen Verwertbarkeit liegt der Schwerpunkt des Buches:

Gegenwärtig werden viele neue Betreuungsplätze für Kinder unter 3 Jahren eingerichtet. ErzieherInnen müssen sich oft in kurzer Zeit darauf einstellen, neben den 3–6-jährigen Kindergartenkindern auch noch Kleinstkinder in einer Gruppe zu betreuen oder sie sind damit beschäftigt, eine separate Krippengruppe aufzubauen und zu begleiten. Hierzu brauchen sie nicht nur Kenntnisse über die kindliche Entwicklung und konzeptionelle Hilfen, sondern vor allem praktische „Handreichungen" und Tipps für alltägliche Spielsituationen.

Über den Umgang mit diesem Buch

In diesem Buch finden Sie Spielideen aus den für kleine Kinder wichtigen Bereichen:

Bewegung (Fein- und Grobmotorik)
Sinnliche Wahrnehmung (sehen, hören, riechen/schmecken, tasten, Körperwahrnehmung …)
Kreative Materialerfahrung (Spiele mit Farben, Modelliermasse, Bauen/Werkeln …)
Sprache (Reime/Fingerspiele, Kniereiter, Bewegungslieder, erste Bücher, Rollenspiele …).

Anregungen für **„Natur- und Draußenspiele"** finden Sie im Quickfinder (S. 119 ff.) unter Ort: „Freigelände".
Hinweise auf erste **Musik-Spiele** finden Sie sowohl unter dem Stichwort „Wahrnehmungsspiele" (unter Hörspiele) als auch unter „Sprachspiele" (z.B. Bewegungslieder) im Inhaltsverzeichnis am Anfang des Buches.

Da kleine Kinder – wie es schon der Entwicklungspsychologe Jean Piaget ausdrückte – vor allem über *Wahrnehmung* und *Bewegung* lernen (sog. Phase der „senso-motorischen Intelligenz"), spielen diese beiden Bereiche in dem vorliegenden Buch eine zentrale Rolle.

Zu jedem einzelnen Spiel des Buches finden Sie Angaben zu: Alter, Anzahl, Ort, Material, Spielidee und Variationen.
Gerade der Verweis auf Alternativen (*„So geht es auch"*) macht es möglich, rasch auf wechselnde Situationen, Bedürfnisse und Ideen der Kinder einzugehen.
Freiheit und Kreativität sind somit bestens gewährleistet.
In dem Info-Kasten „Bitte beachten" erhalten Sie Tipps und Tricks oder kurze (auch theoretische) Hintergrundinformationen.

Obwohl das Buch nach vier großen Bereichen gegliedert ist, werden sich ErzieherInnen in der Praxis nicht immer die Frage stellen, welchen dieser Bereiche bzw. welche Kompetenz sie gerade bei den Kindern ansprechen und fördern möchten.
Vielmehr lassen sie sich von alltäglichen Situationen und Bedingungen leiten (Alter der Kinder, räumliche Gegebenheiten, vorhandenes Material …).

So geht's mit dem „Quickfinder"!!!
Ab Seite 118 des Buches finden Sie den sog. „Quickfinder!"
Oft muss es in der Praxis nämlich schnell gehen. Da hilft vielleicht ein Wegweiser als Orientierungshilfe.
Wenn Sie den fett gedruckten Begriffen (**Alter, Ort, Material …**) im „Quickfinder" nachgehen, so erhalten Sie in den darunter liegenden Spalten passende Spielvorschläge für ihr jeweiliges Anliegen.
Wenn Sie ein Spiel nach **Titel** suchen möchten, so finden Sie für jede Altersgruppe ein alphabetisches Verzeichnis aller Spiele.
So gehen Sie und Ihre Krippenkinder einen ganz persönlichen Weg durch das Buch.

Die Krippe: Ort für Spielen und Lernen

H allo, jetzt kommen wir!", könnten die Kinder im Alter zwischen 0–3 Jahren rufen, wenn sie der Sprache schon mächtig wären.

In der Tat rückt die Altersgruppe der Kinder unter 3 Jahren immer mehr in den Blickpunkt des öffentlichen Interesses und der Diskussion.

Dabei geht es nicht nur um Vereinbarkeit von Familie und Beruf und die Betreuung der Kleinsten während der Arbeitszeit ihrer Eltern. Es geht auch darum, schon kleinen Kindern Kontakte zu anderen Kindern und frühe Lernbedingungen zu ermöglichen, die nicht jedes Elternhaus zwangsläufig bietet.

Krippenkinder brauchen ErzieherInnen, die sich ganz auf die Bedürfnisse kleiner Kinder einstellen. Nicht nur was Pflege, Ernährung und Schlaf anbelangt, sondern auch im Hinblick auf ihre Entwicklung und ihr Spielverhalten. Kleine Kinder spielen zwar noch nicht in der Weise zusammen wie ältere. Trotzdem freuen sie sich an anderen Kindern, sehen ihnen zu, ahmen sie nach, trösten, spielen nebeneinander und später auch – zumindest zeitweilig – miteinander. Man findet bei Kindern unter 3 Jahren in Krippe, Kita und Kindergarten die „kleine Altersmischung" (0–3-jährige zusammen in einer separaten Krippen-Gruppe) und die „große Altersmischung" (0–6-jährige zusammen in einer Gruppe – manchmal sogar Hortkinder).

Wichtig ist, dass die Kleinen nicht nur „irgendwie mitlaufen". Spiele, die eigentlich für ältere Kinder gedacht sind, können nicht einfach auf Kinder unter 3 Jahren sozusagen in „Mini-Form" übertragen werden, nach dem Motto: „Alles ein bisschen kleiner, alles ein wenig niedlicher."

Kleine Gruppen, gleichbleibende Betreuung (möglichst nur 3–4 Kinder unter 3 Jahren pro ErzieherIn) und behutsame, stufenweise Eingewöhnung neuer Kinder in die Gruppe sind wichtige Voraussetzungen dafür, dass Kinder unter 3 Jahren die Trennung von den Eltern verkraften und eine tragfähige Bindung zur Bezugsperson (ErzieherIn) aufbauen.

Das „Berliner Eingewöhnungsmodell" sieht vor, dass sich (nach einem ausführlichen Aufnahmegespräch) Kind und Mutter (oder Vater) gemeinsam in der Kita/Krippe treffen und etwa drei Tage lang für jeweils eine Stunde gemeinsam im Gruppenraum verbringen. Am 4. Tag gibt es den ersten Trennungsversuch (Mutter bzw. Vater verlässt den Raum, bleibt aber in der Nähe). Je nach Reaktion des Kindes wird der Trennungsversuch fortgesetzt oder abgebrochen. Jetzt entscheidet sich, ob das Kind eine kürzere oder längere Eingewöhnungszeit braucht. Die Eingewöhnung ist beendet, wenn das Kind die Erzieherin als „sichere Basis" akzeptiert hat, sich von ihr im Bedarfsfall trösten lässt und in guter Stimmung spielt (Körpersprache beachten).

Die Eingewöhnungszeit beträgt ca. 1–2 (manchmal auch 3) Wochen. Trennung von den Eltern bedeutet für viele Kinder zunächst Stress. Selbst bei gelungener Eingewöhnung bleiben die Kinder die erste Zeit oft nur halbtags in der Krippe.

Neben der ausreichenden Eingewöhnungszeit sollte durch kindgerechte Raumgestaltung, vielseitiges Material und durchdachte pädagogische Konzepte die Qualität der Betreuung und Begleitung kleiner Kinder gesichert werden.

Früh übt sich: Die ersten 3 Lebensjahre

In den ersten drei Jahren sind Kinder in ihrer Wachzeit ständig in Bewegung, wechseln ihre Position, probieren ihren Körper aus, hantieren mit allerlei Dingen. Sie experimentieren, indem sie Gegenstände fallen lassen, ausschütten, umschubsen, indem sie sich selbst und Gegenstände verstecken und wieder auftauchen lassen, Dinge von einem Ort zum anderen transportieren und sich für alles interessieren, was sich bewegt und dreht. Materialien (Sand, Ton, Wasser, Farbe, Papier …) werden untersucht und ausprobiert, wobei die Erfahrung zunächst wichtiger ist als das Ergebnis.

Kleine Kinder sind die „besten Lerner der Welt", sozusagen „Forscher in Windeln". Nie wieder ist ein Mensch so neugierig und offen, so eifrig unterwegs, so lernfähig und kreativ wie in diesen frühen Jahren.

Die moderne Hirnforschung hat gezeigt, dass sich gerade in den ersten Lebensjahren durch Übung und Erfahrung des Kindes wichtige Nervenverbindungen im Gehirn entwickeln.

Vom ersten Tag an machen sich Kinder durch viel Eigeninitiative ein Bild von der Welt, ordnen ihre Erfahrungen, entwickeln innere Bilder und komplexe Denkprozesse. ErzieherInnen schaffen Rahmenbedingungen. Sie gestalten den Raum, stellen Material bereit, beobachten, begleiten und unterstützen, wenn dies notwendig sein sollte. Je nach Situation geben sie Anregungen und Spielideen, aber nicht im Hinblick auf festgelegte Ergebnisse, sondern in Form eines offenen Prozesses.

Neben den Experimenten und „Funktionsspielen" gewinnen im Laufe des zweiten Lebensjahres die „Als-ob-Spiele" an Bedeutung. Kinder spielen, was sie gesehen und erlebt haben, legen aber auch eigene Wünsche hinein. So spielt das Kind Hund oder Feuerwehrauto, kocht „Essen" für die Puppen, horcht die Stofftiere ab wie ein Arzt, verkleidet sich mit Tüchern, Hüten und Handtasche wie die Großen.

Unterstützen und wachsen lassen: Vom Umgang mit den Kleinsten

Die vertrauensvolle Bindung zwischen Kind und ErzieherIn ist der Nährboden, auf dem sich Welterkundung und Spiel entwickeln können.

Kleine Kinder brauchen Blickkontakt und Bestätigung (z. B. indem die Bezugsperson lächelt, ihnen zunickt, sie mit Worten ermutigt). Sie benötigen Rückhalt, wenn sie mit Forschergeist den Raum und die nähere Umgebung erkunden *(„Nur weiter so, du schaffst das!")*. Sie brauchen eine sichere Basis, wenn sie von ihren Erkundungen zurückkehren (Körperkontakt, Trost …). Ohne sicheren Rückhalt fühlen sie sich hilflos, die gesunde Neugier und Spielfreude verstummt.

Krippenkinder benötigen zugewandte Aufmerksamkeit der ErzieherInnen, die ihre Signale verstehen und zeitnah auf ihr Verhalten und ihre Bedürfnisse reagieren.

Wenn Sie als ErzieherIn mit Kindern im Krippenalter arbeiten, so stellen sich Ihnen immer wieder die Fragen: Was braucht das Kind gerade? Ruhe oder Anregung? Eigenständigkeit oder Unterstützung? Was interessiert es? Was will es mir sagen?

Selbst wenn Sie „nichts tun" und als ZuschauerIn die Kinder beobachten, so sind Sie doch in der Rolle des Beobachters aktiv. Sie halten sich bereit, wenn die Kinder Sie brauchen.

Ausgangspunkt für Spiele sollte immer die konkrete Situation, das spontane Interesse der Kinder sein. Wenn ein Kind anfängt zu krabbeln, so hat es vielleicht Freude daran, rollenden Bällen auf allen Vieren hinterher zu wetzen. Wenn es erste Versuche mit Sand und Wasser gemacht hat, dann lässt es sich vielleicht auch für Ton begeistern …

Spickzettel für ErzieherInnen:

- Kleine Kinder brauchen weniger eine *Spielleitung* als eine *Begleitung*.
- Statt „Spiel-Anleitung" ist das Wort *„Spiel-Idee(n)"* sinnvoller, wobei viele Variationen im Spiel möglich sind, je nachdem, wie die Kinder mitmachen und welche Einfälle sie von sich aus entwickeln.
- Altersangaben bei den nachfolgenden Spielen geben immer nur eine grobe Orientierung. Entscheidend ist der *Entwicklungsstand* jedes einzelnen Kindes in der Gruppe.
- Die *Anzahl der an einem Spiel beteiligten Kinder* hängt vom Interesse der Kinder ab. Oft sind Spiel-Kontakte bei kleinen Kindern nur kurzzeitig.
- Beschäftigen Sie sich jeden Tag mit jedem Kind eine Weile intensiv, indem Sie – wenn das betreffende Kind dies in der Situation wünscht – auf *„Augenhöhe"* mitspielen, Spielhandlungen thematisieren: *(„Da hast du ja wieder was Neues herausgefunden"),* benötigte Materialien bereitstellen. Dominieren Sie das Spiel nicht. Holen Sie die Kinder dort ab, wo sie sich gerade befinden!
- Spiel-Themen, -Material und -Partner sollten *frei* gewählt werden. Etwa ab 2 Jahren sind erste *geplante* Spiel-Projekte und zusammenhängende Spiel-Handlungen möglich (z. B. „Tierzirkus" im Bewegungsraum u. Ä.), allerdings nur, wenn die Kinder wirklich begeistert bei der Sache sind. Dann haben sie manchmal ein beachtliches Konzentrationsvermögen, bemerkenswerte Ausdauer und eine Fülle von Ideen.

Erfahrungsräume bauen: Raumgestaltung für Krippenkinder

Der Raum ist im wahrsten Sinne der „dritte Erzieher", der (neben den PädagogInnen und dem Material) zwar stumm, aber nachhaltig auf die Kinder einwirkt.

Kleine Kinder brauchen Spielmaterial, Spielgeräte und gestaltete Räume, die ihre Sinne ansprechen und sich multifunktional verwenden lassen. Möbel mit Rollen, Hocker, leichte Stühle … können Umbauten erleichtern. Durch Höhlen und Nischen, durch Podeste verschiedener Höhe – verbunden mit Treppen und Leitern – kann ein „Raum im Raum" entstehen.

Krippenkinder brauchen Raum für Geborgenheit (Kuschelecke, Schlaf-Podest …), aber auch Freiraum für Bewegung (zum Krabbeln, Laufen und Klettern). Sie benötigen das Vertraute (fest eingebaute Raumelemente) und das Neue (variable Teile, Alltagsdinge).

Die ungarische Kinderärztin Emmi Pikler beschreibt es so: „Das Kind sollte immer etwas mehr Raum zur Verfügung haben als es nutzen kann."

Je nach Entwicklungsstand haben die Kinder unterschiedliche Bedürfnisse:

- Gestalten Sie den Raum mit unterschiedlichen Bodenbelägen (Holz, Teppich, Kork, Linoleum …). Es empfiehlt sich, den Boden zu „modellieren" und neben ebenen Flächen auch Unebenheiten (Boden-wellen) und Vertiefungen (Spielmulde) zu gestalten.

Dabei sollten nicht nur Kindergarten-Ausstatter, sondern auch Eltern und vielleicht ein ortsansässiger Schreiner mitwirken. Raumlösungen müssen nicht teuer sein. Heimwerker- und Baumärkte können zur Fundgrube werden.

- Haltegriffe, Stangen, Geländer helfen den Kleinen, sich in den Stand hochzuziehen und erste Schritte zu gehen.
- Kinder brauchen Gelegenheiten zum Schaukeln und Schwingen (Hängematte, Hängesessel, Schaukelstuhl, Tau – Dazu sind Balken bzw. Deckenbefestigungs-kreuze und Haken nötig, um Ringe und Karabiner einhängen zu können).
- Wannen zum Hineinsetzen (gefüllt mit Kastanien, Bohnen, kleinen Bällen, Korken …), ein Becken für Wasserspiele im Sanitärbereich und ein Sandspieltisch ermöglichen vielseitige Körpererfahrungen.
- Eine Gestaltungsecke mit Maltisch und Staffeleien (mit flüssigen Farben und Ton) lädt zu künstlerischen Erfahrungen ein.
- Gestalten Sie die Räume mit viel Tageslicht, Spiegeln, gemütlichen Lampen, auf die Funktion der Räume abgestimmte Farben. Räume sollten Ordnung und Ruhe ausstrahlen (nicht übermäßig dekorieren). Gute Belüftung und Schallschutz sind gerade bei kleinen Kindern wichtig.

Neben dem Raumkonzept von Emmi Pikler, das Kindern viel freien Bewegungsraum einräumt, kann auch die italienische Reggiopädagogik Anregungen für die Gestaltung von Krippenräumen geben. In der norditalie-nischen Stadt Reggio Emilia ist jede Kita eine kleine Stadt für sich mit einer Piazza im Mittelpunkt. Darum herum befinden sich, durch lichte Glaswände abgeteilt, Ateliers, Werkstätten, Bühnen, Bewegungsräume und vieles mehr. In Gruppenräumen findet man Höhlen unter Podesten oder in leer geräumten Schränken, Fächer und Schubladen zum Ein- und Ausräumen, Alltagsgegenstände aus dem Haushalt, unterschiedliche Materialen zum kreativen Gestalten, viele Spiegel, in denen sich die Kinder betrachten können.

Nicht zuletzt können bei der Materialgestaltung einige Anregungen der Montessori-Pädagogik verwendet werden. Sinneserziehung beginnt hier bereits in den ersten Lebensjahren. Eine „vorbereitete Umgebung", fordert das Kind zum Handeln auf (Sinnesmaterial) …

Auch sog. „Snoezelen-Räume" (die ursprünglich für die Arbeit mit behinderten Menschen gedacht sind) können die eine oder andere Anregung bieten (angenehme Raumatmosphäre, Tastwände, dezente Beleuchtung, Lichtspiele, Hängematte …).

Allerdings benötigen Krippenkinder ausgewogene „Sinneskost" und keine einseitige Stimulierung einzelner Sinne. Hier ist weniger manchmal mehr!

Von all den genannten Konzepten können Sie sich anregen lassen, wenn Sie ihre Krippenräume einrichten, gestalten, verändern möchten.

Hinweis: Spezielle Materialien für die Bereiche Bewegung, Sinneswahrnehmung, kreative Gestaltung sowie Sprache, Rollen- und Umweltspiele finden Sie unter den jeweiligen Kapiteln!

Viele bunte Spiele für kleine Entdecker

Die Welt ist kunterbunt und es gibt viel zu entdecken. Krippenkinder spielen und lernen über unterschiedliche „Kanäle", die alle untereinander zusammenwirken. Selbst wenn Spiele zur Bewegung, Sinneswahrnehmung, Musik, Kreativität, Sprache, Umwelterfahrung … einzeln aufgeführt und betrachtet werden, so soll dies nicht bedeuten, dass man Bereiche getrennt voneinander fördern könnte. Alles wirkt zusammen wie die Instrumente eines Orchesters, die nur im Zusammenspiel ein fertiges Konzert ergeben.

Ebenso sind die Grenzen zwischen alltäglichen Verrichtungen (Wickeln, Aufräumen, Essen, An- und Ausziehen …) und Spielhandlungen fließend.

Dabei ist die Wahrnehmung – das sinnliche Aufnehmen von Informationen – die Ausgangsbasis für kindliches Lernen. Das Kind sammelt Erfahrungen, indem es Dinge berührt, untersucht, in den Mund steckt. Es ergreift Dinge, **be**greift sie und bildet auf diesem Wege **Be**griffe.

Kleine Kinder hantieren und experimentieren im Spiel mit vielen Dingen und wiederholen dabei Handlungen oft unzählige Male. Sie ahmen spielend nach, was sie gesehen, gehört, erlebt haben. Aber das Erlebte wird nicht nur nachvollzogen, sondern auch umgedeutet und weiterentwickelt. Spiel lebt von Fantasie und Kreativität.

Spielen im Säuglingsalter

Wenn die elementaren Bedürfnisse nach Nahrung und Zuwendung befriedigt sind, beginnen schon Säuglinge mit dem Spiel, zunächst mit dem eigenen Körper (strampeln, zappeln, Hände/Finger betrachten), dann mit Gegenständen (greifen, gegeneinander schlagen, ineinander stecken, werfen …).

Sehr früh treten im Spiel schon soziale Elemente auf. Bereits Babys lächeln andere Kinder an, juchzen vor Begeisterung, nähern sich dem Gegenüber, berühren es.

Voraussetzung für das Spielen ist die Anwesenheit von vertrauten Bezugspersonen im Blickfeld des Kindes, denn nur sicher gebundene Kinder haben Freude am Spiel.

Spielen im zweiten und dritten Lebensjahr

Zwar sind ErzieherInnen oft gewünschte Partner für gemeinsame Spiele, aber das Interesse der Kinder an gleichaltrigen oder älteren Spielpartnern wächst weiter.

Bereits gegen Ende des 1. Lebensjahres werden andere Kinder nachgeahmt, Spielzeuge ausgetauscht, einfache Spiele (z. B. „Ball hin und her rollen") erprobt.

Spielkontakte weilen meist nur so lange, wie ein gemeinsames Interesse an einem Spielzeug besteht (in der Regel Interaktion zwischen zwei Kindern).

Bei der Wahl ihrer Spielzeuge und -themen zeigen Kinder immer deutlicher bestimmte Vorlieben und Interessen, hantieren z. B. wochenlang mit bestimmten Spielzeugautos oder Bausteinen. Manche Kinder spielen ausdauernd und konzentriert mit einem Spielzeug oder Material, andere hingegen bleiben nur kurz bei einer Beschäftigung und wechseln schnell zum nächsten Spiel.

Im dritten Lebensjahr werden die Spiele insgesamt komplexer, bestimmte Spielabsichten lassen sich immer deutlicher erkennen. Materialien wie Sand, Knete, Bausteine werden nicht mehr bloß untersucht und ausprobiert, sondern mit bestimmter Absicht eingesetzt (Turm bauen, Hafen anlegen, Zoo für Tiere gestalten …).

Spielthemen spiegeln deutlich Alltagserfahrungen wider. Dabei tut das Kind so, „als ob" es z. B. kochen, Auto fahren oder den Computer bedienen würde. Häufig treten Ersatzobjekte (Symbole) an die Stelle der Originale (ein Stock wird zum Löffel, mit Steinen wird Suppe gekocht …).

Zunehmend verständigen sich die Kinder – über die Körpersprache hinaus – über Wörter und Sätze, teilen sich einfache Rollen zu (Mutter-Kind, Arzt-Patient). Wichtig ist, dass ErzieherInnen soziale Spielkontakte fördern, kleine Spielgruppen unterstützen und bei der Organisation von Spielen behilflich sind.

Strampeln, krabbeln ... und dann gehen: Bewegungsspaß

Was im Laufe des ersten Lebensjahres abläuft, lässt so manchen Betrachter staunen. In keiner späteren Lebensphase ereignen sich (motorische) Entwicklungsfortschritte so deutlich sichtbar und so rasant wie in dieser frühen Zeit: Jeden Monat tritt bei den Kindern eine neue Fähigkeit zutage, und zwischen dem noch völlig hilflosen Neugeborenen, das in Rücken- oder Bauchlage „wie ein Käfer" strampelt und dem schon recht selbstständigen „Laufkind", das sich an Möbeln hochzieht und seitlich die ersten Schritte wagt, vergeht oft nicht mal ein Jahr.

Die motorische Entwicklung hängt unmittelbar mit der Reifung des Nervensystems zusammen, läuft nach inneren Gesetzmäßigkeiten ab. Sensorische (Sinnes-) und motorische (Bewegungs-) Erfahrungen hängen eng zusammen, sie sind im Gedächtnis in Gesamtmustern gespeichert.

Dabei hat jedes Kind allerdings seine eigene Entwicklungsgeschwindigkeit, geht im wahrsten Sinne seinen eigenen Weg. Manche Kinder robben oder krabbeln nie, setzen sich dafür aber früh hin und rutschen auf dem Po vorwärts und rückwärts. Die ersten eigenen Schritte können mit zehn oder siebzehn Monaten gemacht werden. Der Zeitpunkt lässt keine Rückschlüsse zu auf die weitere Entwicklung der Bewegung oder die Ausbildung anderer Fähigkeiten. Entwicklungskalender geben nur grobe Richtwerte, meist gibt es einen relativ großen Toleranzspielraum für den Erwerb einzelner Fähigkeiten. Das bedeutet aber nicht, dass Erwachsene (Eltern, ErzieherInnen) und andere Kinder keinen Einfluss auf die Bewegungsentwicklung des einzelnen Kindes hätten. Ebenso gibt es natürlich objektive Entwicklungsdefizite (das soll hier allerdings nicht Thema sein).

Die motorischen Leistungen sind – neben der genetischen Ausstattung – das Ergebnis vielfältiger Lernerfahrungen in einer möglichst anregenden Umgebung (Raumgestaltung, Material, Zuspruch durch Bezugspersonen).

Aufgrund der Tatsache, dass Kinder heute viel durch die Gegend getragen oder im Kinderwagen, mit dem Auto gefahren werden, dass Spielplätze und andere Bewegungsräume nur begrenzt zur Verfügung stehen, hat gerade die Krippe von früh an die Aufgabe, einem möglichen Bewegungsmangel vorzubeugen bzw. Defizite auszugleichen. Bewegung in der Krippe sollte nicht auf bestimmte Zeiten und separate Bewegungsräume beschränkt bleiben. Es sollte vor allem viel Freiraum zum Krabbeln zur Verfügung stehen. Stangen zum Hochziehen und Festhalten helfen den Kindern beim Laufenlernen.

Die gesamte Einrichtung plus Außengelände sollte zu einem großen „Bewegungspark" werden. Im Raum selbst können Stiegen, Leitern, Podeste und Rutschen vielfältige Anreize bieten, sich motorischen Aufgaben und Herausforderungen zu stellen. Verschiedene Gruppenräume oder einzelne Raumabschnitte können mit Tunneln zum Durchkrabbeln verbunden sein.

Eine Krippe wird – von der Einrichtung her – viel mehr auf die Bewegungsbedürfnisse von Kleinstkindern eingehen, als dies zu Hause in der Familie im Allgemeinen möglich sein dürfte.

Schritte ins Leben: Wie sich die Motorik entwickelt

Die motorische Entwicklung läuft vom Kopf zu den Füßen.

Kontrollierte Bewegungen beobachtet man zuerst am Kopf (drehen und heben des Kopfes), dann an den Armen (greifen und festhalten) und zuletzt an den Beinen (krabbeln, laufen).

Grobmotorische Ganzkörperbewegungen gehen den feinmotorischen Bewegungen der Extremitäten voraus (wenn ein Kind z. B. einen Gegenstand greifen möchte, so wendet es sich ihm erst mit dem ganzen Oberkörper zu).

Wichtige Entwicklungsschritte sind

... im 1. Lebensjahr:
- selbstständige Kopfhaltung
- Greifen nach Gegenständen
- Drehen vom Rücken auf den Bauch und umgekehrt
- robben, kriechen, krabbeln
- alleine aufsetzen, hochziehen an Möbeln
- eventuell erste eigene Schritte ...
  Anschließend werden alle bekannten Bewegungsmöglichkeiten kombiniert und neue ausprobiert.

... im 2. Lebensjahr:

- Gehen
- Spielzeug tragen, umher schieben und ziehen
- Tasse und Löffel halten (selbstständig essen)
- Turm aus 3 Klötzen bauen
- kleine Hindernisse übersteigen
- Stufe rauf und runter klettern
- rutschen
- schaukeln
- auf der Stelle hüpfen
- mit dem Fuß nach einem Ball treten
- Gegenstände ungezielt werfen
- beide Arme ausstrecken, um einen Ball zu fangen (er fällt meist noch runter)
- einfache Formen in ein Formenbrett oder eine Sortierbox einstecken ...

... im 3. Lebensjahr:

- Laufen (wobei beide Beine vom Boden abgehoben sind)
- Treppen steigen im Wechselschritt
- freies Auf- und Absteigen von Hindernissen,
- Niedersprung aus geringer Höhe
- Überspringen von Zwischenräumen und flachen Hindernissen (Beine werden nacheinander aufgesetzt)
- Ball in „Schienenhaltung" fangen
- Balancieren und kurzzeitig auf einem Bein stehen ...

Die ungarische Kinderärztin Emmi Pikler wandte sich in der von ihr entwickelten Krippenpädagogik gegen jede Einmischung Erwachsener in die Bewegungsentwicklung der Babys und Kleinkinder. Gezieltes Einüben von Bewegungen (z. B. drehen, sitzen, krabbeln, gehen ...) zum Zwecke einer früheren und schnelleren Ausbildung von motorischen Fertigkeiten optimiert ihrer Meinung nach keineswegs die Entwicklung, sondern schadet eher, da das Kind in Positionen gebracht wird, für die es noch nicht reif ist.

Deshalb sollten Sie die Kinder beobachten, wachsen lassen und gegebenenfalls Handreichungen anbieten. Diese abwartende und Zeit lassende Einstellung führt dazu, dass sich Kinder – unter entsprechenden Umweltbedingungen – schwierige Aufgaben selbst stellen und Entwicklungsschritte im Spiel eigenständig erarbeiten bzw. „erspielen". Sie müssen normalerweise nicht ausdrücklich angespornt oder ermutigt werden. Sie können eigene Kräfte und Möglichkeiten gut einschätzen und sind meist von Natur aus vorsichtig. Ökonomisch setzen sie ihre Energien zur Lösung von Aufgaben ein.

Bewegungserziehung in der Krippe sollte vor allem in Form offener Bewegungsangebote erfolgen, verbunden mit Fingerspielen, Liedern, Musik.

Massage- und Strampelspiele

Die ungarische Kinderärztin Emmi Pikler beschreibt in ihrer Kleinkindpädagogik, dass man Wickeln und Körperpflege in Institutionen für Kleinkinder nicht bloß unter dem Aspekt der notwendigen Reinigung und Hygiene sehen sollte. Während der Körperpflege bietet sich für ErzieherInnen einige Male am Tag die Gelegenheit, sich dem jeweiligen Kind mit ungeteilter Aufmerksamkeit zu widmen, seine Signale und seine Befindlichkeit wahrzunehmen, mit ihm zu sprechen, zu spielen, zu schmusen.

Pflegezeit ist immer auch Spielezeit, Kuschelzeit, Beziehungszeit.

Wickeln sollte deshalb in der Krippe nicht in Alltagsroutine untergehen und im Schnellverfahren erledigt werden, selbst wenn die personelle Besetzung oft knapp ist und viele Aufgaben zu bewältigen sind.

Kleine Massage- und Strampelspiele helfen den Kindern, Hautkontakt zu erleben und zu genießen, der gerade bei den ganz Kleinen ein wichtiger Bestandteil der Bindung an die Bezugsperson ist.

Strampelspaß

Alter: 6 Monate (und jünger)
Anzahl: 1 Kind (für die Variation auch mehrere Kinder)
Ort: Wickeltisch/Matte im Gruppenraum
Material: nach Wahl (Greifringe, Baubecher, Babyspielzeug, Waschhandschuhe, Papiertüten, Bänder mit Glöckchen)

Spielideen:

- Legen Sie Ihre Hände an die Fußsohlen des Babys und geben Sie leichten Widerstand. Wie reagiert das Kind? Viele Babys treten und strampeln begeistert gegen die Hände. Durch abwechselndes Nachgeben und Drücken entwickelt sich daraus ein Bewegungsspiel.
- Stecken Sie dem Kind Greifringe, Baubecher (Babyspielzeug), Waschhandschuhe oder Papiertüten über die Füße oder legen Sie ein dünnes Tuch über beide Beine. Viele Kinder greifen freudig danach und beginnen zu strampeln.
- Bänder mit aufgenähten Glöckchen begeistern viele Kinder, weil durch Strampeln Klingeltöne entstehen. Die Bänder einfach locker um die Fußgelenke des Kindes legen.

- Umfassen Sie die Beine des Kindes mit Ihren Händen und drehen Sie Ihre Hände vorsichtig gegeneinander, als würden Sie eine „Melkbewegung" ausführen. (Das Gleiche können Sie auch mit den Armen des Babys machen.) Diese kleine Massage fördert die Durchblutung der Beine und Arme.
- Massieren Sie die Fußsohlen des Kindes durch kreisende Bewegungen mit Ihrem Daumen. Die einzelnen Zehen massieren Sie vorsichtig mit Daumen und Zeigefinger.

Bitte beachten: Beobachten Sie immer die Reaktionen des Kindes! Spielt es noch freudig mit?
Wenn nicht: Brechen Sie das Spiel ab oder probieren Sie eventuell eine neue Spielvariante aus.

Rad fahren

Alter: 6 Monate (und jünger)
        Variation: ab 2 Jahren
Anzahl: 1 Kind
Ort: Wickeltisch/Matte im Gruppenraum

Der Frosch fährt Rad.
Der Frosch fährt Rad
auf einem Einrad
durch den Park.

Die Maus fährt Rad.
Die Maus fährt Rad
auf einem Zweirad
durch die Saat.

Der Hund fährt Rad.
Der Hund fährt Rad
auf einem Dreirad
einen Pfad.

Die Katz fährt Rad.
Die Katz fährt Rad
sie stürzt dabei,
ach, das ist schad!

Dann steht die Katze wieder auf
und radelt mit Hund, Frosch und Maus
vergnügt nach Haus.

Das Kind liegt auf dem Rücken.
- Legen Sie Ihre Handflächen sanft gegen die Fußsohlen des Kindes.
- Beginnen Sie ein Wechselspiel mit Druck und Gegendruck, beugen und strecken der Beine und sprechen Sie die Verse dazu.
- Macht das Kind freudig mit, so umfassen Sie seine Fußgelenke vorsichtig mit Ihren Händen und führen das „Radfahren" aus, indem Sie die Beine des Kindes abwechselnd beugen und strecken.

So geht es auch:
Radfahren als Gruppenspiel: Die Kinder sitzen im Kreis auf der Erde und stellen die Bewegungen durch Treten und Strampeln selbst dar.
Beim Sturz der Katze vom Rad lassen sich die Kinder seitlich auf den Boden fallen.

Wi-Wa-Wasserball

Dieses Spiel eignet sich sowohl für den Wickeltisch als auch für ein Bewegungsangebot auf der Erde im Raum (Bodenmatte).

Alter: 6 Monate (und jünger)
Anzahl: 1 Kind
Ort: Wickeltisch oder Matte im Gruppenraum
Material: 1 kleiner Wasserball, Paketschnur, eventuell abwaschbare Bodenmatte

Vorbereitung: Knoten Sie eine Schnur an dem Ventil des Balls fest.

Bitte beachten: Die Beine des Babys sollten nackt sein. Wenn es warm ist, kann das Kind lediglich mit einer Windel bekleidet mitspielen.

Spielideen:

- Halten Sie den Wasserball an der Schnur so über die Beine des Kindes, dass es ohne Mühe dagegen treten und strampeln kann.
- Der Ball eignet sich ebenso als Bewegungsspielzeug für die Arme und Hände: Halten Sie den Wasserball an der Schnur nun in Reichweite der Hände des Kindes. Viele Kinder schlagen danach und/oder betasten den Ball neugierig mit ihren Händen.
- Verwandeln Sie den Ball in eine „Schaukel". Legen Sie das Kind in Bauchlage auf den Ball (im Beckenbereich mit beiden Händen umfassen und festhalten) und beobachten Sie, ob es sich mit den Füßen abstößt und sein Gleichgewicht ausbalanciert.

Ballsack

Alter: „Krabbelalter" (Ende des ersten Lebensjahres)
Material: Kissen- oder Bettbezug, mehrere Wasserbälle (evtl. Luftballons), evtl. Band zum Zubinden

Gestalten Sie einen großen „Ballsack", indem Sie mehrere Wasserbälle dicht in einen Kissenbezug oder Bettbezug stopfen, sodass der Bezug prall gefüllt und straff gespannt ist (eventuell mit Band zusätzlich fest verschließen).
Die Kinder können

- darüber krabbeln,
- sich liegend ausruhen (hier können anstelle der Bälle gut auch Luftballons als Füllung des Bettbezugs eingesetzt werden) oder
- sich passiv von einem Erwachsenen bewegen lassen.

Tipp: Wasserbälle sind auch geeignet zum Hinterherkrabbeln, Umhertragen (wenn Kinder schon sicher laufen können), Treten, Werfen und später auch Fangen.

Auf allen Vieren ins Krabbelland

Mobil sein, das ist für kleine Kinder eine faszinierende Erfahrung.

Meist wird zunächst auf dem Bauch voran gekrochen oder gerobbt. Später kommt das Kind auf Hände und Knie (Knie-Händestütz, wobei die Arme gestreckt, die Beine gebeugt sind). Auch der sog. „Bärengang" ist beliebt (dabei sind sowohl Arme als auch Beine gestreckt).

Krabbeln stärkt die Rückenmuskulatur und fördert die gekreuzte Koordination von Armen und Beinen.

Erwachsene sollten kleine Kinder darin bestärken, den Raum zu erforschen – erst auf ebenem Untergrund, später auf unebenem Boden, über Stufen, schräge Ebenen, Sprossen und Hindernisse hinweg.

Krabbelrollen

Alter: ab 10 Monate
Anzahl: 1–3 Kinder
Material: Spielzeuge, mehrere Rollen, z. B. leere, runde Waschmittelbox und flauschige Decke(n) und evtl. 1 Schaffell, oder: Gymnastikmatten und Tücher, Seile oder Gürtel
Ort: Gruppenraum, Bewegungsraum

Vorbereitung: Stopfen Sie eine leere, runde **Waschmitteltonne** innen prall mit einer Decke aus. Legen Sie von außen eine Decke oder ein Schaffell darüber. Auch **Matten** (Gymnastikmatten) lassen sich zu Rollen aufrollen. Fixieren Sie die Mattenrolle an den Seiten mit einem Tuch, Seil oder Gürtel, so bleiben sie, wie sie sind, und rollen sich nicht wieder auf.

Spielideen:

- Verteilen Sie mehrere Rollen im Raum und legen Sie als zusätzlichen Anreiz ein paar Spielzeuge davor. Beobachten Sie, wie die Kinder reagieren. Wer möchte einmal bäuchlings über die Rolle(n) rutschen, sich schaukelnd mit den Füßen abstoßen, darüber kriechen oder krabbeln?
- Legen Sie mehrere Rollen dicht hintereinander und eine längere Gymnastikmatte darüber. Viele „Krabbelkinder" lassen sich dazu anregen über die weichen Rollen zu krabbeln, ältere „Laufkinder" versuchen es vielleicht mehr oder weniger aufrecht mit Balancehalten.

Ab durch den Tunnel

Alter: ab 10 Monate
Anzahl: 1–4 Kinder
Ort: Gruppenraum, Bewegungsraum
Material: 3 große Pappkartons, Schere oder Teppichmesser, Paketklebeband, evtl. Schnüre mit Perlen und Glöckchen
Für die Variation: 2 Tische, 1–2 Decken oder Gardinenstoff, 2 Gymnastikreifen (oder LKW-Schläuche), 4 Seilchen
oder: 4 Stühle, 1 oder mehrere biegsame Matten

Vorbereitung: Entfernen Sie den Boden aus jedem Pappkarton.
Legen Sie alle Kästen hintereinander auf den Boden und kleben Sie die Kartons mit Paketklebeband fest zusammen, sodass ein Tunnel entsteht.
Übrigens: Hängen in dem Kartontunnel von oben mehrere Schnüre mit Perlen und Glöckchen herunter, so gibt es beim Krabbeln zusätzliche Berührungsreize.

> **Bitte beachten**: Manche Kinder trauen sich nicht sofort, durch einen dunklen Tunnel zu krabbeln. Schneiden Sie einfach Schlitze, Löcher oder größere Fenster in die Kartons, sodass Licht hineinfallen kann.

Spielideen:

- Beobachten Sie, was die Kinder von sich aus mit dem neuen Pappkarton-Tunnel anfangen.
- Rollen Sie einen Ball hindurch. Viele Kinder krabbeln gern hinterher, um ihn wieder einzufangen.

So geht es auch:

- Stellen Sie zwei Tische hintereinander und hängen Sie eine Decke oder eine Gardine darüber, damit die Seiten geschlossen sind – schon ist ein Kriechtunnel entstanden.
- Wenn Sie am Anfang und Ende des Tisches jeweils einen Gymnastikreifen (oder LKW-Schlauch) mit Seilen festknoten, so haben Sie einen „Einstieg" und einen „Ausstieg". Der Tunnel lässt sich gut mit unterschiedlichen Bodenbelägen ausstatten, z. B. mit Schaffell, Luftmatratze, Kissen …
- Biegen Sie eine oder mehrere Gymnastikmatten jeweils zu einem umgedrehten U und klemmen Sie die Matte(n) zwischen zwei Stühle, zwischen zwei Tisch(bein)e oder niedrige Schränke. Eine „schnelle Lösung" zum drunter her Krabbeln ohne viel Aufwand!

Hindernis-Krabbeln

Alter: ab 10 Monate
Anzahl: 1–3 Kinder
Ort: Bewegungsraum
Material: Hindernisse nach Wahl: Pappkartons, leere Getränkekisten, leere Spielzeugkisten, Polster, Stühle – auch: gepolsterter Aufsatz eines Sprungkastens (Turngerät), evtl. Spielzeuge, Ball
für die Variation: Plane oder dünne Matten

Vorbereitung: Verteilen Sie die Hindernisse so im Raum, dass sie dicht beieinander stehen und schmale „Durchgänge" dazwischen frei bleiben.

Spielidee:
Rollen Sie einen Ball oder ein begehrtes Spielzeug zwischen den Hindernissen durch. Krabbeln die Kinder hinterher?

So geht es auch:
Legen Sie über flache Gegenstände (flache Kisten, Polster) eine Plane oder dünne Matten. Schon sind „Bodenwellen" entstanden. Verteilen Sie einige Spielzeuge auf der welligen Fläche, sodass die Kinder zusätzlich angeregt werden, den unebenen Untergrund zu erforschen.

Polsterparty

Alter: ab 10 Monate
Anzahl: 1–4 Kinder
Ort: Gruppenraum, Bewegungsraum
Material: Polsterelemente von Sofas, Auflagen von Liegen, Nackenrollen, Schaumstoffmatten … auch: abgeschrägte Polster in Keilform (Bettenbedarf, Sanitätsgeschäft), unterschiedliche Kissen (rund, eckig, hart, weich)

Spielideen:
Bauen Sie mit den Kindern aus den Polstern verschiedene Objekte, z. B.:
- einen Weg zum Krabbeln, Laufen, Hüpfen
- eine Insel zum Kuscheln
- ein Tor zum Durchkrabbeln
- eine schiefe Ebene zum Krabbeln und Rollen
- Treppen zum Klettern und Krabbeln

Besonders interessant wird es, wenn unterschiedliche Formate und Materialien miteinander kombiniert werden.

Tipp: Da fertig gekaufte Polsterelemente oft sehr teuer sind, kann auch die „Secondhand-Variante" eine gute Alternative sein. Gemeinsam mit den Eltern können Sie Polster von alten Sofas sammeln, reinigen und mit passenden Bezügen ansehnlich und hygienisch neu gestalten.

Krabbelnester

Alter: ab 10 Monate
Anzahl: 1–3 Kinder
Ort: Gruppenraum
Material: nach Wahl: Hundekörbchen (nur nagelneu!), Babybadewanne, Mini-Planschbecken, großer, flacher Karton, Schaffell, Steppdecke, Wolldecke, Kissen o. Ä.

Vorbereitung: Polstern Sie ein (neues) Hundekörbchen, eine Plastikwanne, ein Planschbecken oder einen flachen Karton mit Decken, Schaffellen und Kissen aus.

Spielideen:
Babys und Kleinkinder mögen sichere Rückzugsmöglichkeiten und kuschelige Plätzchen. Niedrige Krabbelnester ermöglichen es den mobilen Krabbelkindern, selbstständig ein- und auszusteigen und auch Materialien und Spielzeuge mitzunehmen.
(Eventuell Kiste oder Hocker an den Rand des Krabbelnestes stellen.)

Tipp: Als „Dauerlösung" für den Gruppenraum können Sie auch einen neuen Sandkasten (Baumarkt) umfunktionieren und statt mit Sand in einer Ecke des Raumes mit weichen Matten und Kissen füllen (eventuell Organzasstoff als Himmel darüber hängen). Der Kasten kann später auch mit anderen Materialien (z. B. Kastanien, Bällen) gefüllt werden.

Bretter und schräge Ebenen

Alter: 10/11 Monate
Anzahl: 1–2 Kinder
Ort: Gruppenraum, Bewegungsraum
Material: 1 glattes Brett (ca. 2 m lang), mehrere Polster oder Kisten (z. B. Getränkekisten)
für die Variation: glatte Turnmatte oder Gymnastikbank

Bitte beachten: Für Kinder, die den „Vierfüßlerstand" beherrschen und auf geradem Untergrund sicher krabbeln, bieten jetzt erhöhte und schräge Ebenen Anreiz zu neuen und vielseitigen Bewegungen. Sie bewältigen erhöhte und schräge Ebenen im „Knie-Hände-Stütz" (Beine sind gebeugt, Arme gestreckt) oder im „Bärengang" (Arme und Beine sind gestreckt).

Vorbereitung: Bauen Sie eine leicht erhöhte, gerade Ebene auf. Dazu wird das Brett an jeder Seite auf ein Polster oder eine Kiste gelegt.

Spielideen:
- Das Kind kann die erhöhte Fläche als Spielebene benutzen, indem es sich davor kniet und z. B. ein Spielzeug darauf bewegt. Viele Krabbelkinder lassen sich durch das Brett dazu anregen, hinauf zu klettern und an der anderen Seite wieder hinunter zu steigen oder das ganze Brett entlang zu krabbeln.
- Entfernen Sie auf einer Seite das Polster, belassen es aber auf der anderen Seite. Ermuntern Sie die Kinder dazu, nach oben zu krabbeln, z. B. indem Sie sich an das erhöhte Ende stellen, Blickkontakt aufnehmen und die Kinder ansprechen. Wer oben angekommen ist, steigt seitlich wieder ab (evtl. mit Hilfestellung) oder rutscht bäuchlings rückwärts das Brett hinunter. Später legen Sie noch ein zweites Polster über das erste, sodass die Schräge noch ausgeprägter wird.

So geht es auch:
- Nehmen Sie statt des Brettes eine glatte Gymnastikmatte, die Sie nun einseitig durch Polster oder Kisten erhöhen.
- Wenn Sie in einem Turnraum spielen, so kann eine Turnbank für Krabbel- und Kletterspiele genutzt werden. Erst bleibt die Bank flach am Boden und lädt zum Krabbeln und bäuchlings drüber rutschen ein. Dann wird sie etwas erhöht (z. B. einseitig in eine Sprossenwand eingehängt).

Krabbelzirkus

Alter: ab 2 Jahre
Anzahl: Kleingruppe
Ort: Bewegungsraum
Material: 1 Gymnastikreifen (oder LKW-Schlauch), 2 Bänder (oder Seilchen), 2–4 Stühle, 1 großer Pappkarton (möglichst Umzugskarton), mehrere Turnmatten oder Polsterkissen, Kästen (z. B. Getränkekästen), 1 langes Brett, 1 langes Seil (z. B. Gummiseil)
Für die Variation: 1 Rolle Toilettenpapier, evtl. Bewegungsmusik

Vorbereitung: Bauen Sie verschiedene Stationen verteilt im Raum auf.
- Binden Sie einen Gymnastikreifen (oder LKW-Schlauch) mithilfe von Band oder Seil zwischen zwei Stühlen fest.
- Legen Sie – an einer anderen Stelle – einen großen Karton (ohne Deckel und Boden) seitlich auf die Erde.
- Bauen Sie – ein wenig entfernt davon – als Hindernisse Matten, Polster oder Kästen in den Weg.
- Bauen Sie in den Krabbelzirkus auch eine schräge Ebene oder eine Turnbank ein.
- Spannen Sie ein Seil niedrig zwischen zwei Stühle oder Turnkästen

Spielideen:
Auf geht es in den Zirkus! Während die ganz kleinen Kinder einfach die Stationen ausprobieren, können ältere Kinder schon in verschiedene Rollen schlüpfen: Fordern Sie die Kinder auf, als „Löwe" durch den Reifen zu steigen oder als „Tiger" durch den Kartontunnel zu krabbeln. Turnmatten sind gut für „Affen", die hopsen und springen. Kästen können willkommene Hindernisse sein, um als „Pferd" drum herum zu laufen oder drüber zu springen.

Greifen Sie die Ideen der Kinder auf und bauen Sie gegebenenfalls die Spielfläche um.
Hinweis: Bewegungsmusik kann den „Tierzirkus" noch interessanter machen.

So geht es auch:
Sorgen Sie für einen Höhepunkt im Spiel, indem zum Schluss alle durch Papier krabbeln. Dazu einfach einen oder mehrere lange Streifen Toilettenpapier dicht über dem Boden halten (ein älteres Kind oder ein zweiter Erwachsener helfen beim Festhalten des Papiers) und schon geht es auf allen Vieren durch die Papierstreifen hindurch, bis sie zerreißen. Das Spiel kann mehrfach wiederholt werden, sodass sich auf der Erde am Ende ein ganzer Papierberg befindet. Die Kinder krabbeln anschließend vielleicht durch die Papierfetzen und zerreißen sie – wenn sie mögen – noch weiter zu ganz kleinen Schnipseln.

Das „Zirkus-Finale" bildet ein „Papier-Schnipsel-Feuerwerk". Dazu werden alle Schnipsel hoch in die Luft geworfen, bis sie kreuz und quer durcheinander wirbeln.

Auf los geht's los:
Lauflernspiele

Endlich die Schwerkraft überwinden und auf eigenen Beinen stehen! Gegen Ende des ersten Lebensjahres ziehen sich Kinder oft selbstständig vom Boden in den aufrechten Stand hoch. Oben stehend bewegen sie sich seitlich mit kleinen Schritten an Möbeln entlang. Sprossenwand, Leiter, Kindergitter, Haltestange und Möbel in Kinderhöhe können ihnen das Hochziehen und Stehen erleichtern.

Wenn an Haltestangen ein paar Greifspielzeuge (z. B. Schnüre mit Perlen) festgeknotet sind, wenn sich ein Spiegel oder ein interessantes Bild mit Material zum Tasten in Augenhöhe an der Wand befindet, so werden die Kinder direkt angesprochen, sich immer wieder in den aufrechten Stand zu begeben und stehend bzw. seitlich gehend zu spielen.

Bitte beachten: Wenn Kinder schon sicher stehen, so können Sie ihnen Ihre Hand oder ein Spielzeug reichen. Viele Kinder halten sich dann nur noch mit einer Hand an Gittern und Möbelstücken fest. Später stehen sie kurzzeitig ohne Festhalten.

Wenn Sie ein Spielzeug wieder zurück auf den Boden legen, so finden viele Kinder Spaß daran, sich aus dem Stand wieder auf den Boden zu begeben.

Locker vom Hocker

Alter: ab 10 Monate
Anzahl: 1–3 Kinder
Ort: Gruppenraum
Material: 4–8 Hocker (am besten aus Holz und möglichst quadratisch, man bekommt sie oft günstig in Bau- und Möbelmitnahme-Märkten), evtl. Seilchen, Spielmaterial (Bilderbuch, kleines Auto, Papier, Rassel, Bausteine, Decke …)

Spielideen:

- Stellen Sie die Hocker nebeneinander zu einer „Straße" auf. Legen Sie interessante Spielzeuge oben auf die Fläche (z.B. Bilderbuch, kleines Auto, Papier, Rassel …).
- Einige Kinder werden spontan dorthin krabbeln und das Spielzeug auf den Hockern untersuchen wollen. Manche von ihnen ziehen sich womöglich in den Stand hoch und machen seitlich ein paar Schritte.
- Sie können die Hocker immer wieder umbauen, z. B. zu einem größeren „Tisch", auf den sie interessante Materialien (z.B. Tastsäckchen, Bausteine) legen.
- Wenn die Hocker hintereinander aufgestellt werden, eignen sie sich auch zum drüber Krabbeln (am besten mit Seilchen aneinander binden).
- Darüber hinaus sind Hocker dienlich als „Bauelemente" für Zäune, Höhlen u. Ä. Sie lassen sich auch als Sitzmöbel beim Essen verwenden.

So geht es auch:

Statt der Hocker sind auch Tische, große Stühle und Raumteiler zum Hochziehen gut. Ebenso die oben bereits beschriebenen Stangen, Sprossenleitern und Gitter an der Wand oder an erhöhten Spielpodesten.

Bitte beachten: Ein Kind geht erst, wenn es sich mit aufgerichtetem Rumpf selbstständig fortbewegt, indem es sein Gewicht bei jedem Schritt von einem Fuß auf den anderen verlagert und sich dabei nicht mehr festhalten muss, um sein Gleichgewicht zu wahren. Beim Gehen kommt immer ein Fuß zum Boden, nie sind beide Füße gleichzeitig abgehoben wie beim Laufen. Der Übergang vom Gehen zum schnellen Laufen vollzieht sich oft unbemerkt.

Komm mal rüber!

Alter: ab 1 Jahr bzw. 1,5 Jahre (Kinder sollten allein gehen können)
Anzahl: Kleingruppe
Ort: Bewegungsraum
Material: 2–4 Turnmatten, 1 Satz Gymnastikreifen, 1 großes Tuch (z.B. Schwungtuch)

Spielideen:

- „Wer kommt in meine Arme?" Dieses alte Kinderspiel ist immer noch ein „Dauerbrenner". Ermuntern Sie ein Kind, das schon gehen kann, in Ihre Arme zu gehen oder zu laufen, und freuen Sie sich mit dem Kind, wenn es sicher bei Ihnen gelandet ist.

- Spielen Sie „Seitenwechsel" (ab 1,5 Jahre): Bauen Sie mit ein paar Metern Abstand dazwischen rechts und links Matten auf. Auf einer „Matten-Insel" sitzen die Kinder, auf der gegenüber liegenden „Insel" sitzen Sie als „Rufer".
Winken Sie den Kindern zu und fordern Sie alle Mitspieler auf, zu ihnen rüber zu gehen oder zu laufen.
Übrigens können die Kinder auch von Wand zu Wand gehen bzw. laufen (anschlagen und wieder zurück laufen).
- Regen Sie die Kinder an, beim Gehen ein Spielzeug in der Hand zu halten und zu transportieren. Auch Spielzeug zum Hinterherziehen (z. B. Karton, Pappröhre oder Plastikflasche an einem Band) begeistert.
- Ab 2 Jahre: Legen Sie eine Reihe Reifen auf den Boden und eine zweite Reihe Reifen in einigen Metern Abstand gegenüber. Die Kinder stehen oder sitzen auf einer Seite jeweils in einem Reifen und wechseln auf Zuruf oder Signal (z. B. Glocke) zur gegenüberliegenden Seite.
- Die Kinder sitzen auf dem Boden. In einiger Entfernung stehen Sie ihnen gegenüber, halten ein großes Tuch in beiden Händen und breiten die Arme aus. Winkend und wedelnd rufen Sie: „Wer kommt in mein Haus?" Die Kinder gehen, laufen oder rennen zu Ihnen herüber und kuscheln sich in das Haus ein, das kurz über ihren Köpfen „die Türen schließt" (Tuch kurz über die Kinder werfen).

Ein Sack Flöhe

Alter: ab 2 Jahre
Anzahl: Kleingruppe
Ort: Bewegungsraum
Material: großes Tuch (z. B. Schwungtuch) – evtl. Handtrommel
für die Variation: Springseil(e)

Spielideen:
Viele Flöhe sitzen in einem Sack.
Dann macht es „zack"!
Der Sack fällt um,
ach, wie dumm!!!

Alle Kinder sitzen in der Mitte eng beisammen auf dem Tuch. Sie fassen mit beiden Händen den Saum und heben das Tuch hoch. Bei „zack" lassen alle das Tuch los und stehen auf.

Die Flöhe laufen hinaus,
rennen durch das ganz Haus.
Laufen immer schneller,
um Tische, Stühle, Teller …
Die Kinder laufen durch den ganzen Raum. (Dabei können Sie unterstützend mit einer Handtrommel oder durch Klatschen das Tempo vorgeben.)

Dann fällt ihnen ein:
„Wir müssen wieder rein!"
1, 2, 3 – schnell wie der Wind,
geht es in den Sack geschwind.
Die Handtrommel verstummt. Alle rennen zurück zum Tuch.

Dort setzen sie sich müd zur Ruh.
Jetzt schnüren wir den Sack mal zu.
Die Kinder setzen sich wieder in die Mitte,

fassen das Tuch mit den Händen an und heben es hoch.

So geht es auch:
Wenn ohne Tuch gespielt wird, sitzen alle direkt auf dem Boden ganz dicht beieinander. Natürlich kann auch ein Seil als Begrenzung um die Kinder herum gelegt werden.

Auto fahren

Alter: ab 2 bzw. 2,5 Jahre
Anzahl: Gruppe
Ort: Bewegungsraum, Freigelände
Material: Obstkisten aus Pappe, Cuttermesser
für die Variation: handliche Gummiringe (Sportbedarf)

Spielideen:
Entfernen Sie aus jeder Kiste den Boden, sodass nur noch der niedrige äußere Rahmen übrig bleibt. Jetzt kann das jeweilige Kind als „Autofahrer" einsteigen. Entweder hält es selbst den Rahmen mit beiden Händen fest, oder der Rahmen wird von einem Partner (ErzieherIn, älteres Kind) so gehalten, dass der „Fahrer" in der Mitte bleibt. Jetzt gehen oder rennen alle „Autos" los.

So geht es auch:
- Die einfachste Möglichkeit: Die Kinder halten beim Laufen einen Gummiring als Lenkrad in der Hand und „befahren" mit Tuten und Hupen den ganzen Raum.

Spiele für Klettermaxe

Bereits einjährige Kinder wollen kleine Hindernisse, Podeste und Stufen überwinden. Erst geht es auf allen Vieren, später im aufrechten Gang. Treppen werden zunächst mit Festhalten am Geländer und mit Nachstellschritten, später im Wechselschritt und zunehmend freihändig überwunden.

Flache Treppen mit Geländer innerhalb des Gruppenraumes – z. B. an einem Spielpodest – sind für Krippenräume ideal. Sie fordern das Kind im Alltag immer wieder heraus, die motorische Fähigkeit des Auf- und Absteigens zu üben, helfen ihm seinen Gleichgewichtssinn zu erproben und fördern Bewegungsfreude und Selbstvertrauen.

Paletten bieten Kindern eine Plattform mit vielen Spielmöglichkeiten. Sie sind flexibel einsetzbar, können beliebig nebeneinander oder aufeinander kombiniert werden und sind zudem günstig zu beschaffen – fragen Sie bei Speditionen oder im Baumarkt nach.

Wichtig: Die Paletten müssen für den Einsatz bei Kindern sauber sein und dürfen keine scharfen Ecken oder Kanten aufweisen. Eine einfache Möglichkeit besteht darin, sie rundum mit Teppichboden zu verkleiden. Auch Teppichbodenreste sind oft günstig zu bekommen.

Erste Podeste und Stufen

Alter: ab 1 Jahr
Anzahl: 2–4 Kinder
Ort: Bewegungsraum, Gruppenraum
Material: mindestes 4 Paletten (Speditionsfirma, Baumarkt), Teppichbodenreste oder -fliesen, Teppichklebeband, Polsternägel, evtl. Decke/Plane zum Drüberlegen
für die Variation: Polster unterschiedlicher Größe und Höhe oder: Kindertische, große Esstische, Hocker

Vorbereitung: Verkleiden Sie die Paletten mithilfe von Teppichklebeband und Polsternägeln rundum mit Teppichbodenresten oder -fliesen.

Spielideen:
- Stapeln Sie zwei Paletten aufeinander und legen Sie jeweils eine davor und eine dahinter.
  Für Kinder ist es reizvoll, solche Stufen zu überwinden (erst krabbelnd, später zunehmend aufrecht gehend).
- Erhöhen Sie langsam die Herausforderung, indem Sie weitere Paletten aufeinander stapeln. Wenn noch eine Decke oder eine rutschfeste Plane bzw. ein Läufer darüber gelegt wird, erinnert der Aufbau an „Berge" und „Täler".

So geht es auch:
Stellen Sie große Tische (Esstisch) an die Wand und eine Reihe kleiner Kindertische davor. Vor die Kindertische stellen Sie vielleicht noch Polster, Kinderstühle oder Hocker auf. Hier heißt es: Raufklettern erwünscht!

Rauf auf die Leiter!

Alter: ab 1,5 Jahre
Anzahl: 1–2 Kinder
Ort: Gruppenraum, Bewegungsraum
Material: standfeste Trittleiter oder Tritthocker mit 2–3 Stufen, Turnmatten oder Polster

Spielideen:
Kinder sind meist von sich aus motiviert, eine Leiter zu erklimmen. Am besten steht die Leiter vor einem großen Tisch oder vor übereinander liegenden Polstern oder Turnmatten, sodass die Kinder mit ihr eine obere Ebene erreichen können. Aber wie geht es wieder runter? Kopfüber ist natürlich nicht so günstig, vielleicht geht's ja rückwärts ... – oder welche Möglichkeiten bestehen noch? Die Kinder erproben selbst, auf welche Weise sie die obere Ebene wieder verlassen können.

Bitte beachten: Neben fest installierten Rutschen sind mobile Rutschgelegenheiten, die kurzzeitig auf- und wieder abgebaut werden können, eine gute Möglichkeit für kreative Bewegungsspiele. Hier können sich die Kinder neu orientieren, andere Bewegungsmuster ausprobieren.

Spiele für Springmäuse

Ab etwa 2 Jahren können viele Kinder aus geringer Höhe herunter springen (z. B. von Borsteinkanten, flachen Matten oder Bänkchen). Dabei werden die Beine nacheinander aufgesetzt. In dieser Weise überspringen Kinder auch flach auf dem Boden liegende Seile und andere Gegenstände. Beidbeiniger Absprung, Überspringen von flachen Hindernissen aus dem Stand und Hüpfen auf einem Bein gelingen meist erst nach dem 3. Geburtstag.

Hüpfen und Springen sind bevorzugte Bewegungsformen kleiner Kinder, sind Ausdruck von Freude und Wohlbefinden.

Wie Tiere hüpfen?

Alter: ab 2,5 Jahre
Anzahl: Kleingruppe
Ort: Bewegungsraum oder Freigelände
Material: Kreide oder Klebeband
für die Variation: Gymnastikreifen

*Wie hüpft der **Hase** im Klee?*
Der Hase hüpft so und so …

*Wie hüpft der **Frosch** in den See?*
Der Frosch hüpft so und so …

*Wie hüpft die **Maus** im Schnee?*
Die Maus hüpft so und so …

*Wie hüpft der **Floh** im Stroh?*
Der Floh hüpft so und so …

*Wie hüpft das **Känguru** im Zoo?*
Das Känguru hüpft so und so …

und schläft dann ein, ganz froh!

Markieren Sie mit Kreide oder Klebeband einen großen Kreis auf dem Boden. Alle Kinder stehen außen um den Kreis herum. Stellen Sie die jeweilige Frage: „Wie hüpft der Hase … (Frosch usw.)?" Bei der Antwort: „Der Hase hüpft so und so …" springen alle in den Kreis und wieder heraus. Dann wird die nächste Frage gestellt. Zum Schluss setzen sich alle im Kreis auf den Boden und tun so, als würden sie schlafen.

So geht es auch:
Legen Sie Gymnastikreifen auf die Erde. Die Kinder steigen oder springen hinein und hinaus.

Balancieren und springen

Alter: ab 2 Jahre
Anzahl: Kleingruppe
Ort: Bewegungsraum, Freigelände
Material: Turnbank (ersatzweise Getränkekisten oder stabile Spielzeugkisten mit langem Holzbrett darauf) und mindestens 1 weiche Matte, oder Baumstamm
für die Variation: ca. 6 Getränkekisten und Holzbrett

Vorbereitung: Die Turnbank im Raum aufstellen und an ein Ende die Turnmatte legen.

Spielideen:

Die Kinder balancieren über die Turnbank (oder den Baumstamm), springen am Ende ab und landen weich auf der Matte.

Bitte beachten: Manche Kinder brauchen beim Absprung Hilfestellung durch einen Erwachsenen oder ein älteres Kind, andere können schon selbstständig runterspringen. Halten Sie dem Kind, das sich noch nicht recht traut, eine Hand zur Sicherheit entgegen, ohne Hilfe aufzudrängen.

Übrigens geht es auch mit der ganzen Gruppe gemeinsam. Dazu entlang einer Längsseite der Turnbank mehrere Matten auslegen. Alle Kinder stellen sich nebeneinander auf die Bank und springen auf ein Zeichen zusammen auf die Matten.

So geht es auch:

Bauen Sie mehrere Getränkekisten oder stabile Spielzeugkisten hintereinander zu einem „Steg" auf.
Oder sie legen ein entsprechend langes Holzbrett über mehrere Kisten und lassen die Kinder darüber balancieren.

Rollen, werfen, fangen

Vorformen des Werfens finden wir schon im ersten Lebensjahr, wenn Babys Gegenstände willentlich fallen lassen oder – meist aus dem Handgelenk heraus – durch den Raum befördern. Später werden auch der ganze Arm und die Schulter mit einbezogen.

Fangen gelingt ansatzweise meist gegen Ende des 2. bzw. im 3. Lebensjahr, oft noch mehr oder weniger zufällig. Dabei „fängt" das Kind in „Schienenhaltung", d. h. die Arme werden – gerade ausgestreckt – dem Ball entgegengehalten, und dann an den Oberkörper gepresst.

Hochwerfen von Luftballons ist übrigens eine gute Vorübung für Fangen. Der Luftballon schwebt langsam der Erde entgegen, sodass das Kind genügend Zeit hat, seine Arme und Hände in „Fangstellung" zu bringen.

Mit zunehmenden Alter und Übung erwarten Kinder einen Ball mit angewinkelten Armen und zueinandergekehrten Handflächen. Jetzt kann wechselseitiges Werfen und Fangen ausprobiert werden. Dies erfordert Übung und eine gute Augen-Hand-Kontrolle.

Kleine, handliche Bälle (z. B. Tennisbälle oder kleine Gummibälle) sind für Krippenkinder ideal. Auch sog. weiche „Overbälle" oder Softbälle lassen sich gut handhaben, da das Kind mit beiden Händen in den Ball hineingreifen kann.

Ab ins Tor!

Alter: ab 2,5 Jahre
Anzahl: 2–4 Kinder
Ort: Bewegungsraum/Freigelände
Material: 2 Wäschekörbe oder -wannen, viele kleine Bälle (evtl. alte Federballschläger oder Küchensiebe)
für die Variation: 1 großer Pappkarton, Gymnastikreifen, Kreide, evtl. große Pappe

Spielideen:

Stellen Sie zwei Wäschekörbe oder -wannen als Tore auf. In der Mitte des Raumes liegen viele kleine Bälle, die rechts und links in die Tore geschossen, geworfen oder gerollt werden sollen. Dabei können natürlich auch Hilfsmittel wie alte Federballschläger oder Küchensiebe benutzt werden.

Spielideen:

Die Kinder erhalten Siebe mit Bällen darin und probieren Spielmöglichkeiten aus:

- Die Bälle lassen sich mit dem Sieb in die Luft werfen und (von größeren Kindern) wieder einfangen.
- Mithilfe der Siebe lassen sich die Bälle auch gut über den Boden rollen und wieder einsammeln.
- Lustig ist es, wenn die Kinder die Bälle mithilfe der Siebe über eine gespannte Schnur werfen oder den Ball mit dem Sieb in einen Karton befördern.

So geht es auch:

Die Kinder nehmen eine lange Papprolle (Haushaltsrolle, Verpackungsrolle), werfen einen kleinen Ball oder eine Kugel oben ein und fangen sie mit dem Sieb wieder auf.

Küchentennis

Alter: ab 2,5 Jahre
Anzahl: 2–4 Kinder
Ort: Bewegungsraum, Freigelände
Material: mehrere große Küchensiebe (z. B. Mehlsieb, Abtropfsieb), Tennisbälle oder weiche Kunststoffbälle, evtl. lange Schnur oder Karton
für die Variation: Haushaltsrolle oder Verpackungsrolle, kleine Bälle oder Kugeln

Flaschen kegeln

Alter: ab 2 Jahre
Anzahl: 1–4 Kinder
Ort: Bewegungsraum, Freigelände
Material: mehrere durchsichtige
Getränkeflaschen aus Kunststoff, 1 Ball

Spielideen:

Stellen Sie die Flaschen in Reihen hintereinander auf. Die Kinder können den Ball mit dem Fuß dagegen schießen oder mit den Händen rollen. Es wird so lange probiert, bis alle Flaschen am Boden liegen. Dann werden sie wieder aufgestellt und das Spiel beginnt von vorn.

Ballrutschen

Alter: ab 1 Jahr
Anzahl: 1–4 Kinder
Ort: Bewegungsraum
Material: Bretter verschiedener Länge, 1 Kasten oder Karton, unterschiedliche kleine und große Bälle (auch Kugeln), Oder: mehrere Papprollen (Haushaltsrollen, Verpackungsrollen), Klebeband, Schere, evtl. Topf
für die Variation: 1 Stück Drainageschlauch oder Abflussrohr

Spielideen:

- Bauen Sie aus einem Brett eine schiefe Ebene, indem Sie einseitig einen Kasten unterlegen oder das Brett in eine Sprossenwand einhängen. Die Kinder lassen verschiedene Bälle die Schräge hinab rollen und beobachten, was geschieht.
- Kleben Sie 4–6 Papprollen mit Klebeband zu einer langen Röhre zusammen. Nun können die Kinder Kugeln und Perlen einwerfen und beobachten, wie sie unten wieder hinaus plumpsen (eventuell in einen Topf hinein). Die Rollen kann man auch mit Klebeband schräg an Schränken oder Türen festkleben oder mit Bändern festknoten.

So geht es auch:

- Die Kinder werfen Kugeln oder kleine Bälle in ein Stück Drainageschlauch oder Abflussrohr. Der Schlauch wird an einem Tisch/Stuhl festgebunden oder durch einen stabilen Pappkarton geführt.

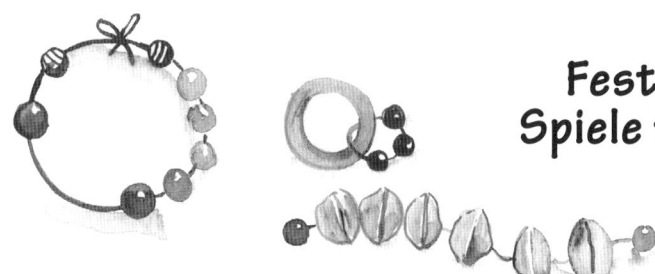

Festhalten – loslassen:
Spiele für geschickte Hände

Mit 5/6 Monaten greift das Kind gezielt nach Gegenständen, wechselt sie von einer Hand in die andere, klopft sie gegeneinander oder auf den Boden, wirft sie willentlich weg.

Während anfangs noch mit der ganzen Hand gegriffen wird, greift das Kind zusehends nur mit den Fingern.

Gezieltes Greifen entwickelt sich aufgrund des immer besseren Zusammenspiels von Auge und Hand.

Gern schlagen Kinder Gegenstände gegeneinander oder klopfen mit ihnen auf dem Tisch oder Boden herum.

Ende des 1. Lebensjahres interessieren sie sich für kleine Gegenstände, Krümel und Flusen, die sie mit Daumen und Zeigefinger aufgreifen (Pinzetten- und Zangengriff).

Ringe, Schnüre, Rasseln

Alter: 6 Monate (und jünger)
Anzahl: 1–3 Kinder
Ort: Gruppenraum
Material: Ringe (z. B. Holzringe aus dem Bastelbedarf oder fertig gekaufte Greifringe für Babys), Glöckchen, Band *für die Variation:* Schneebesen oder große Knöpfe, Perlen (auch Kastanien)

Vorbereitung: Knoten Sie Glöckchen mit Band an Greif-Ringen fest. Oder fertigen Sie eine „Schneebesen-Rassel", indem Sie viele Glöckchen mit Band an einem Schneebesen befestigen. Für Tast-Schnüre fädeln Sie große Knöpfe, Perlen oder Kastanien auf einer Schnur auf und verknoten die Enden fest.

Spielideen:
Babys lassen sich durch Greifringe, Rasseln, Tastschnüre anregen, mit den Händen danach zu greifen und sie zu untersuchen. Die Glöckchen sind ein zusätzlicher Reiz. Die Kinder probieren aus, auf welche Weise Klingelgeräusche entstehen. Hier finden Greifen, Tasten, Hören zueinander.

Deckel auf, Deckel zu!

Alter: ab 1 Jahr
Anzahl: 1–3 Kinder
Ort: Gruppenraum
Material: nach Wahl: leere Getränkeflaschen aus Kunststoff, Kaffeedosen, leere Dosen von Babycreme, Filmdosen u. Ä.

Bitte beachten: Alle Flaschen/Dosen sollen leer und gereinigt sein und Deckel bzw. Schraubverschluss besitzen.
Wichtig: Babys und Kleinkinder im Umgang mit kleinen Teilen stets aufmerksam beobachten (Gefahr des Verschluckens).

Spielideen:

Geben Sie den Kindern die Dosen/Flaschen zum freien Spielen. Dabei können sie selbst ausprobieren, wie sich durch geschickte Handhabung die Verschlüsse und Deckel öffnen und schließen lassen.

Spiele mit Klettband

Alter: ab 1,5 Jahre
Anzahl: 1–3 Kinder
Ort: Gruppenraum
Material: selbstklebendes Klettband von der Rolle (Sie brauchen Haken- und Flauschband), eventuell zusätzlich Alleskleber, Kaffeedose oder andere Box, Schere, Moosgummi oder dicke Pappe

Vorbereitung: Bekleben Sie die Dose ringsum mit vielen Klettband-Streifen (Hakenband). Schneiden Sie aus Moosgummi oder dicker Pappe einfache Figuren aus, z. B. Kreis, Halbmond o. Ä. Kleben Sie unter jede Form ein kleines Stück Klettband (Flauschband).

Spielideen:

Zeigen Sie einmal, wie eine Figur auf dem Klettband der Dose haften bleibt. Nun können die Kinder selber ringsum die Dose mit verschiedenen Figuren bestücken und staunen, wie alles haften bleibt und sich mit einem kleinen „Ruck" wieder entfernen lässt.

Mini-Werkbank

Alter: ab 1,5 Jahre
Anzahl: 1–3 Kinder
Ort: Gruppenraum, Mini-Atelier
Material: mindestens 1 Schuhkarton, dicke Holzschrauben, dicke Rundhölzer (evtl. Kinder-Hammer) – auch alte Knöpfe von Schubladen und Schränken *für die Variation:* Styropor-Verpackungsmaterial oder Balserholz

Vorbereitung: Bohren Sie Löcher in einen Schuhkarton (nicht zu groß, denn sie weiten sich durch die Handhabung der Stecker ohnedies).

Spielideen:

Die Kinder können die Holzschrauben und Rundhölzer in die Öffnungen stecken und (je nach Handgeschick) zusätzlich mit dem Kinderhammer einschlagen.

So geht es auch:

Blöcke aus Styropor oder Balserholz eignen sich ideal, um Schrauben und Hölzer einzustecken oder zu drehen.

Bitte sortieren

Alter: ab 1 Jahr
Anzahl: 1–3 Kinder
Ort: Gruppenraum
Material: leere Kaffeedosen, Schere, kleine Bälle, Kugeln, Bausteine nach Wahl

Vorbereitung: Schneiden Sie mit der Schere eine Öffnung in den Deckel der Kaffeedose. Die Größe sollte so gewählt werden, dass der gewählte Gegenstand (Ball oder Baustein) bequem durch das Loch in die Dose eingeworfen werden kann. Für Kinder, die schon geübt sind, schneiden Sie unterschiedliche Formen aus, z. B. Kreis, Quadrat, Rechteck, Dreieck.

Spielideen:
Kinder haben meist großen Spaß dabei, die unterschiedlichen Bausteine in die richtige Öffnung einzuwerfen. Wichtig dabei: Lassen Sie die Kinder probieren. Durch Versuch und Irrtum finden sie bestimmt die richtige Lösung und sind meist stolz, es allein geschafft zu haben.

Tipp: Die Kinder können auch im Alltag helfen, z. B. Wäsche, Kleidung, Besteck, Geschirr, Spielzeug o. Ä. zu sortieren.

Steckspiel

Alter: ab 1 Jahr
Anzahl: 1–2 Kinder
Ort: Gruppenraum
Material: Schuhkarton, Rundholz und verschiedene Dinge zum Aufstecken (dicke Perlen mit entsprechend großer Öffnung, Ringe, Bierdeckel mit entsprechend großem Loch in der Mitte o. Ä.).
für die Variation: Kochlöffel

Vorbereitung: Das Rundholz wird senkrecht in den Karton gesteckt und so fixiert.

Spielideen:
Dicke Perlen, Ringe, Bierdeckel können von den Kindern selbstständig auf das Holz aufgesteckt werden.

So geht es auch:
Am einfachsten geht es, wenn Sie einem Kind einen Kochlöffel in die Hand geben und ihm dann eine Perle, einenRing oder Bierdeckel zum Aufstecken reichen.

Bitte beachten: Im Alter von 10/11 Monaten beginnen Kinder damit, kleine Teile mit zwei Fingern zu ergreifen. Dabei verwenden Sie den Pinzettengriff (Daumen und Zeigefinger sind gestreckt) bzw. den Zangengriff (Daumen und Zeigefinger sind gebeugt).

Pinzette oder Zange

Alter: ab 1 Jahr
Anzahl: 1–3 Kinder oder Kleingruppe
Ort: Gruppenraum
Material: kleine Kostproben von Nahrungsmitteln (z. B. klein geschnittenes Obst/Gemüse, Brothäppchen/Krümel, Stückchen von Keksen, Rosinen, kleine gekochte Nudeln …) auch: Wollfäden, Papierkügelchen, Erbsen, Kunststoffflasche (evtl. Trichter)
für die Variation: 1 Wollsocke

Spielideen:
- Heute wird mit den Fingern gegessen und allerlei probiert (z. B. kleine Stücke von Keksen, kleine Brothappen, Krümel, klein geschnittenes Obst und Gemüse, Rosinen, kleine, gekochte Nudeln …).
- Stellen Sie eine Flasche aus Kunststoff auf (eventuell Trichter aufstecken). Halten Sie ein Schälchen mit Erbsen oder Bohnen bereit. Vielleicht entdecken die Kinder, wie sie Erbsen oder Bohnen in die Flasche plumpsen lassen können.
- Geben Sie den Kindern Wollfäden und Papierkügelchen. Die kleinen Teile werden mit den Fingern aufgenommen und in Schälchen gefüllt.

So geht es auch:
Ziehen Sie sich einen weiten Socken über die Hand. Bewegen Sie Daumen und Finger in der Socke so, dass es aussieht, als hätte die Socke einen Mund, so entsteht der Eindruck eines gefräßigen Monsters. Nun können die Kinder das Monster mit allerlei „Kleinkram" füttern, z. B. mit Papierkügelchen. Besonders interessant ist es, wenn der Socken ein Loch hat und das Futter im Bauch des Monsters verschwindet!

Mit Augen, Ohren, Händen ...
Wahrnehmungsspiele

Wahrnehmung erfolgt sowohl über körpernahe Sinne (Bewegung, Gleichgewicht, Tasten, Riechen, Schmecken), als auch über körperferne Sinne (Sehen, Hören). Für Krippenkinder spielen besonders der Tastsinn, der Bewegungs- und Gleichgewichtssinn eine wichtige Rolle.

Man kann sagen, dass das erste Weltbild des Kindes ein motorisches und sensorisches Weltbild ist. Sensomotorische Körpererfahrungen bilden die Grundlage, auf der sich die anderen Sinne entwickeln. Sie fördern darüber hinaus Denken, Sprache und Lernen in besonderer Weise.

Mit den Sinnen die Welt entdecken: Wahrnehmungs-Entwicklung

Die Entwicklung der Sinne beginnt bereits im Mutterleib, aber die Entfaltung, Ordnung und Zusammenarbeit zwischen den verschiedenen Sinnes-Systemen vollzieht sich erst im Lauf der weiteren Lebenszeit durch Übung und Erfahrung.

Kleinkinder erfahren ihren Körper, wenn sie sich in der Krippe z. B. mit Rasierschaum oder Körperfarbe bemalen, wenn sie Ton und Sand formen, über Stufen krabbeln oder in einem „Bad" aus Kastanien, Bohnen oder Bällen sitzen.

Durch sinnliche Erfahrungen entwickelt das Kind in den ersten Lebensjahren viele neue Nervenverbindungen (Synapsen) in seinem Gehirn.

Alles, was Kinder über ihre Sinne wahrgenommen haben, ist als „Verschaltungs-Muster" von Nervenzellen in ihrem Gehirn als inneres Wahrnehmungs-Bild verankert. Krippenkinder sind eifrige Forscher in ihrem eigenen „Entdeckerland". Sie suchen von sich aus nach neuen Erfahrungen, die wie „Futter" für ihr Gehirn wirken und ihre Entwicklung voranbringen.

Alles, was Kinder wahrnehmen, wird mit gespeicherten Erinnerungs-Bildern verglichen. Stimmt das Neue mit dem alten Erinnerungsbild *genau* überein? Stimmt es *überhaupt* nicht überein? Oder stimmt es *teilweise* überein. Kleinkinder brauchen vertraute Abläufe, also das, was sie schon kennen – vorhersehbare Abläufe bringen Ordnung in die vielfältigen Sinneswahrnehmungen.

Interessant – und besonders lernförderlich – ist aber die *teilweise* Übereinstimmung alter und neuer Erfahrungen. Das Kind benutzt etwas Vertrautes (z. B. eine Rutsche) nicht nur zum bekannten Rutschen auf dem Po. Es entdeckt, dass es Sand oder Bälle über die Rutsche befördern kann. Diese neue Erfahrung wird als neues Bild festgehalten und bei künftigen Wahrnehmungen und Aufgaben aufgerufen.

Deshalb brauchen kleine Kinder – neben vertrauten Abläufen – auch erweiterte Erfahrungen.

Da Kinder in einer „Handlungswelt" leben, suchen sie sich viele Aufgaben selbst. Manchmal reicht eine kleine Veränderung im Raum (Möbel umstellen) und ein neues, interessantes Material (Pappkartons, Decken …), um kleine Kinder neugierig zu machen und ihre Spielfreude zu wecken.

Das Zusammenspiel verschiedener Sinne ist bei ganz kleinen Kindern selbstverständlich. Sie trennen nicht zwischen sehen, hören, fühlen … und Emotionen.

Selbst wenn bei den nachfolgenden Ideen die Spiele nach Sinnen getrennt beschrieben werden, so bedeutet dies nicht, dass es hier um isolierte Sinnes-Schulung geht. Zusammen wirkt, was zusammen gehört.

Wackelpeter: Spiele fürs Gleichgewicht

Ohne Gleichgewichtssinn gäbe es keinen aufrechten Gang, keine Orientierung im Raum. Sinnliche Wahrnehmungen werden durch das Gleichgewicht angeregt, reguliert, integriert.

Schaukeln, wiegen, drehen, rollen, wippen, balancieren ... fördern die vestibuläre Wahrnehmung.

Besonders Schaukeln ist für Kinder ein „Urerlebnis", das sie bereits aus dem Mutterleib kennen. Kleine Kinder lassen sich durch Wiegen und Schaukeln beruhigen, z. B. während der Eingewöhnungsphase in der Krippe. Hänge- und Schaukelvorrichtungen gehören in jeden Gruppenraum. Auch ein Schaukelstuhl ist ideal (vgl. dazu Seite 9 f.)

Schaukelspaß

Alter: ab 10 Monate
Anzahl: 1–2 Kinder
Ort: Bewegungsraum
Material: Schaukelgerät nach Wahl, Materialien zum Auslegen (Decke, Kissen, Schaffell ...)
je nach Spielidee:

- fertiger Falttunnel zum Durchkrabbeln
- biegsame Schaumstoffmatte, 2 Gymnastikreifen, evtl. durchsichtiger Stoff
- 1 Decke/Wäschekorb
- 1 Regenfass aus Kunststoff (Baumarkt)
- Gymnastikball (Pezzi-Ball)

Spielideen:

Wählen sie zwischen den folgenden Ideen, je nach Alter/Entwicklung der Kinder, Gruppensituation und vorhandenem Material:

- Wenn Sie einen fertigen Falttunnel besitzen, legen Sie eine Decke/ein Kissen hinein. Ein Kind, das sich der Länge nach in den Tunnel legt, kann sich im Tunnel sanft hin und her wiegen lassen.
- Bauen Sie eine „Wiege", indem Sie eine dicke, biegsame Schaumstoffmatte oder Turnmatte vorn und hinten jeweils in einen Gymnastikreifen „quetschen". (Reifen senkrecht stellen). Nun heißt es für das Kind, sich auf die Matte legen und schaukeln lassen! Wenn's noch gemütlicher sein soll, hängen Sie noch durchsichtigen Stoff über die Wiege.
- Nehmen Sie ein breites Regenfass aus Kunststoff (Baumarkt) und legen Sie Kissen und Schaffelle hinein. Einfach mal einsteigen und sich rollen und schaukeln lassen.
- Zwei Erwachsene schaukeln ein Kind in einer Decke oder in einem Wäschekorb hin und her (Wiegenlied dazu singen).

- Sog. Pezzi-Bälle sind ideale Schaukelgeräte, wenn Sie ein Kind bäuchlings darüber legen, am Rumpf mit Ihren Händen festhalten und schaukeln. Auch sitzend auf dem Ball ist das Schaukeln (natürlich mit Festhalten) ein Vergnügen. Sie können sich auch gemeinsam mit einem Kind auf den Ball setzen, hopsen, wiegen, schaukeln.

Balancierstraßen

Alter: ab 1,5 Jahre bzw. 2 Jahre
Anzahl: 2–4 Kinder
Ort: Bewegungsraum (evtl. auch Gruppenraum) /Freigelände
Material: je nach Spielidee:

- Baumstamm (1–1,50 m)
- 4–6 Autoreifen
- Getränke- oder Spielzeugkisten
- Seilchen
- Luftmatratze, Schwimmtier oder Mini-Schlauchboot
- alte Telefonbücher, Kataloge, Zeitungen
- Materialien zum Auslegen (Kissen, Schaffelle, Decken, dünne Matte, Plane …)

Vorbereitungen je nach Spielidee:

- *Baumstamm für Klettermaxe:* Legen Sie einen Baumstamm (vorher von Ästen und lockerer Rinde befreien) auf den Boden. Sie können den Stamm im Gruppenraum als Sitzgelegenheit, Kletter- und Krabbelhindernis und Balanciermöglichkeit dauerhaft in einer Ecke belassen.
- *„Autoreifen-Straße":* Legen Sie 4–6 (gereinigte) Autoreifen hintereinander (Ventile entfernen oder abkleben) und legen Sie verschiedene Materialien hinein, z. B. Kissen, Schaffelle, Decken, Plane …
- *Kistenweg:* Stellen Sie umgedrehte Getränke- oder Spielzeugkisten hintereinander auf (eventuell Decke oder dünne Matte darüber legen).
- *Seilchen-Parcours:* Legen Sie unterschiedliche Seile (dickes Tau, Springseile, Gummiseile) hintereinander.
- *„Balancier-Wurst":* Rollen Sie Gummiläufer oder dünne Matten zu einer Rolle auf. Binden Sie die Rolle an jedem Ende mit einem Tuch, Band oder Gürtel fest.
- *„Luftkissenweg":* Legen Sie eine Luftmatratze, ein großes Schwimmtier oder ein Mini-Schlauchboot auf den Boden.

- *„Bretter-Steg":* Bauen Sie einen Steg, indem Sie ein breites Holzbrett (Baumarkt) rechts und links auf eine Spielzeugkiste oder eine leere Getränkekiste legen.
- *„Paperstreet":* Bauen Sie eine Straße aus alten Telefonbüchern, Katalogen, Zeitungen …

Spielideen:

Kinder zeigen meist von sich aus Interesse an Hindernissen, die sie – je nach Entwicklungsstand – übersteigen oder darüber krabbeln/gehen. Die Erprobung des Gleichgewichts, die Auseinandersetzung mit der Schwerkraft macht meist großen Spaß. Wenn Sie aus Gegenständen eine Straße bauen, indem Sie die einzelnen Teile hintereinander legen, so fordern Sie die Kinder auf, den „Weg" einmal auszuprobieren, auch wenn er ein wenig wackelig ist.

Riesentücher

Alter: ab 1,5 Jahre
Anzahl: 1–3 Kinder (für die Variation auch Kleingruppe)
Ort: Bewegungsraum
Material: mehrere Bettlaken (auch Decken oder „Schwungtuch"), evtl. Bewegungsmusik

Spielideen:
Die Kinder knien, sitzen, oder liegen auf einem Betttuch oder Schwungtuch (eventuell Kissen oder Matte zusätzlich auf das Tuch legen). Ziehen Sie das Tuch mit den Kindern langsam über glatten Boden.

So geht es auch:
Binden Sie Betttücher zu einer langen „Schlange" zusammen.
Die Kinder fassen an der „Betttuchschlange" an und gehen hintereinander durch den Raum (eventuell Bewegungs-Musik dazu spielen).
Sie können die Schlange auch auf den Boden legen und barfuß darüber gehen. Wie machen wir aus der Schlange eine Schnecke? Einfach um einen Mittelpunkt herum rollen und auf die Erde legen. Jeder darf mal mit den Füßen aufsteigen.

Wackel-Tisch

Alter: ab 1 Jahr
Anzahl: 1–4 Kinder
Ort: Gruppenraum, Bewegungsraum
Material: großer, alter Tisch … nach Wahl: 4 Regenrohre oder 6–8 Rundstäbe bzw. viele Tennisbälle
für die Variation: Gardinenstoff

Spielidee:
Legen Sie die Regenrohre oder Rundstäbe oder Tennisbälle auf den Boden (am besten auf Teppichboden oder eine dünne Matte). Drehen Sie den Tisch um und platzieren Sie ihn auf dem instabilen Untergrund. Polstern Sie den Tisch innen mit einer Decke, Kissen oder Schaffellen aus. 1–4 Kinder können als „Kapitäne" einsteigen. Bewegen Sie den Tisch vorsichtig hin und her, als würde das Schiff auf hoher See „schaukeln".

So geht es auch:
Geheimnisvoller ist es noch, wenn Sie über die Tischbeine durchsichtigen Gardinenstoff hängen. Jetzt sind alle „unter Deck".
Übrigens: Sie können das Spiel auch ohne Tisch spielen. In diesem Fall sitzen oder liegen die Kinder direkt auf der Matte und lassen sich hin und her bewegen.

Bewegungsverse
fürs Gleichgewicht

Alter: ab 10 Monate
Anzahl: 1 Kind (auch als Gruppenspiel geeignet)
Ort: Gruppenraum, Bewegungsraum

Tom Teddy

Tom Teddy reitet „hopp-hopp-hopp"
auf seinem Pferdchen im Galopp.

Tom Teddy schaukelt hin und her
auf seinem Boot im weiten Meer.

Tom Teddy holpert „ratter-ratter"
auf seinem Trecker über'n Acker.

Tom Teddy fährt heut „brummel-brumm"
mit dem Bobbycar im Kreis herum.

Tom Teddy fliegt nun ganz geschwind
in seinem Flugzeug wie der Wind.

Tom Teddy landet „krach"
und „bumm"
und fällt am Ende müde um!

Sie können das Spiel als „Kniereiter" und „Hopse-Spiel" mit einem Kind auf Ihrem Schoß spielen. Es ist jedoch auch als Bewegungsspaß für die ganze Gruppe geeignet.

- Wenn Sie **mit einem Kind** auf Ihrem Schoß spielen, so lassen Sie es entsprechend der Verszeile „reiten", schaukeln, hopsen … Drehen Sie es auf Ihrem Schoß im Kreis, heben es hoch in die Luft und lassen Sie es zum Schluss auf Ihrem Schoß oder auf dem Boden landen.
- Wenn Sie das Spiel mit älteren Kindern **in einer Gruppe** spielen (ab 2 Jahre), so sitzen alle im Kreis auf dem Boden. Die Kinder führen die Bewegungen aus (reiten, schaukeln, hopsen) und rennen am Ende als Auto bzw. Flugzeug durch den Raum. Bei *„krach und brumm"* folgt die „Bruchlandung". Die Kinder gehen in die Knie oder lassen sich mit dem ganzen Körper auf den Boden fallen.

Hautnah:
Spiele für den Tastsinn

Tastkissen

Alter: ab 6 Monate
Anzahl: 1–2 Kinder
Ort: Spielecke, Kuschelecke, Schlafbereich
Material: kleine weiche Kissen, Nähzeug
(dicke Nadel, festes Garn, Schere),
Materialien zum Tasten (z. B. Knöpfe,
Perlen, Bänder, Gardinenringe,
Glöckchen, verschiedene Stoffe, Fell …)

Der Tastsinn ist „Ursprung aller Empfin-
dungen" und entwickelt sich vor allen anderen Sinnessystemen. Die Haut ist das größte
sensorische Organ des Körpers. Dicht unter
der Haut sitzen Tastkörperchen, die auf
Druck, Temperatur u. Ä. reagieren.
Kleine Kinder möchten viele Dinge handhaben, um sie im wahrsten Sinne zu *be*greifen.
Sie erkunden aktiv mit den Händen – aber
auch mit Füßen und Mund – die Eigenschaften von Gegenständen und Materialien
(Form, Größe, Oberfläche, Temperatur,
Konsistenz …). Sie genießen es, sich von vertrauten Menschen berühren zu lassen, z. B.
beim Wickeln, Schmusen, Massieren.

Vorbereitung: Nähen Sie auf ein Kissen mit
Nadel und Faden jeweils *ein* Material fest,
z. B. verschieden große Knöpfe. Auf das
nächste Kissen nähen Sie auf die eine Seite
z. B. ein Stück Fell, auf die andere glänzen-
den Futterstoff. Auf ein weiteres Kissen
kommt ein Reißverschluss.
Interessant sind auch Glöckchenkissen oder
Kissen mit Bändern, Schlaufen oder Zöpfen.

Spielideen:

Legen Sie die Kissen in die Spiel- oder Ku-schelecke. Sie regen die Kinder dazu an, die Finger zu benutzen, zu tasten, zu untersu-chen, Geschicklichkeit auszuprobieren.

Auch im Schlafbereich kann das eine oder andere Kissen nicht nur zum Kuscheln, son-dern auch zum Tasten und Tüfteln dienen, bis die Augen müde werden.

Tipp: Schaffelle sind für Krippenkinder eine besonders angenehme sinnliche Er-fahrung. Neben den Tastkissen können sie im Spiel-, Kuschel- und Schlafbereich eingesetzt werden.

Das geht unter die Haut: Tastbad

Alter: ab 1 Jahr
Anzahl: 1–2 Kinder
Ort: Gruppenraum, Bewegungsraum
Material: Babybadewannen, Materialien zum Tasten (Kastanien, Korken, kleine Bälle, rote Bohnen …)

Bitte beachten: Damit viele Berührungs-reize an unterschiedlichen Körperstellen möglich sind, können die Kinder – je nach Raumtemperatur – Strümpfe/Strumpf-hosen oder sogar die ganze Kleidung aus-ziehen (bis auf die Windel!).

Vorbereitung: Füllen Sie die Wannen so weit mit einem der o. g. Materialien, dass da-rin die Beine des Kindes beim Sitzen be-deckt sind.

Spielideen:

Beobachten Sie, wie die Kinder auf die Wanne(n) reagieren. Vielleicht bleiben sie erst daneben stehen oder hocken und „wüh-len" mit Händen und Armen darin. Viel-leicht klettern sie hinein und lassen den gan-zen Körper in den Genuss des Tasterlebnisses kommen.

So geht es auch:

Statt der Wanne(n) können Sie auch große, flache Kartons nehmen. Auch ein leeres Kinderplanschbecken zum Aufblasen ist ge-eignet.

Tipp: Möchten Sie ein Tastbad dauerhaft einrichten, so besorgen Sie sich einen kleinen, hölzernen Sandkasten, den Sie statt mit Sand einfach mit Kastanien, Korken, kleinen Bällen o. Ä. befüllen.

Am besten, Sie wählen einen Kasten mit Abdeckplatte. So können Sie ihn zuge-deckt stehen lassen. Abgedeckt eignet er sich als Spielpodest, besonders, wenn Sie auf den Deckel Teppichboden oder -fliesen kleben.

Goldgräber

Alter: ab 1,5 Jahre
Anzahl: 1–3 Kinder
Ort: Gruppenraum
Material: Wäschewanne oder Pappkarton, altes Papier (Seidenpapier, Packpapier ...), Gegenstände zum Verstecken (z. B. Muschel, Tannenzapfen, Tennisball o. Ä.) Schatzkiste (Körbchen o. Ä.)
für die Variation: Sand oder Bohnen

Vorbereitung: Füllen Sie eine Wanne randvoll mit zerknülltem Altpapier. Legen Sie einen Gegenstand (z. B. Muschel) auf den Boden der Wanne.

Spielidee:

Nun heißt es: Nach Herzenslust mit den Händen in dem Papierberg wühlen. Wer findet etwas?
Wenn ein Gegenstand „ausgegraben" wurde, betrachten und befühlen ihn die Kinder näher und legen ihn dann in eine „Schatzkiste" (z. B. Körbchen). Kurz darauf wird ein neuer Gegenstand versteckt.

So geht es auch:

Füllen Sie statt Papier einfach Sand oder Bohnen in die Wanne.
Diese Materialien regen die Tastkörperchen in den Fingerspitzen auf besonders angenehme Weise an.

Tast-Box

Alter: 1–4 Kinder
Anzahl: ab 6 Monate
Ort: Gruppenraum
Material: je nach Spielidee (s. u.): alte Baumwollsocken/Waschhandschuhe, kleine Gefriertüten, Pappröhren, Bierdeckel und Materialien zum Tasten (z. B. Kastanien, Nudeln, Knöpfe ... s. u.)
für die Variation: 4–6 gefüllte Socken, Band, eventuell „Kulleraugen" für die Schlange

Vorbereitungen: Fertigen Sie nach und nach aus den o. g. Materialien unterschiedliche Fühlobjekte und sammeln Sie diese in einer Tast-Box (Kiste oder Korb), dann haben Sie viele Anregungen und Ideen immer greifbar.

- Für **Tastsäckchen** füllen Sie alte Socken oder Waschhandschuhe aus Frottee mit unterschiedlichen Materialien (Knöpfe, Erbsen, Korken, Murmeln, Kastanien, Bohnen, Nudeln, Watte ...) und knoten bzw. nähen die Socken/Waschhandschuhe fest zu. Oder Sie füllen kleine Gefriertüten mit den oben genannten Materialien und knoten Sie fest zu.

- Für **Tastrollen** bekleben Sie Pappröhren von Haushaltsrolle oder noch größere Röhren (gibt es z. B. beim Posterkauf) mit je einem Material (z. B. mit Filz, Samt, Schmirgelpapier, Fell, Kunststofffolie ...). Die Röhren kann man nicht nur betasten. Sie lassen sich auch zum Bauen und sogar zum Flöten und „Tröten" verwenden.

- **Tastkarten** bekommen Sie, wenn Sie Bierdeckel mit je einem Material (Schmirgelpapier, Noppenfolie, Wellpappe …) bekleben. Die Karten lassen sich als Turm übereinander stapeln, als Straße nebeneinander legen oder als „Kette" an die Wand hängen (dazu Deckel lochen und mit Band zusammenknoten)
- Eine **Knopfkette** zum Tasten erstellen Sie, indem Sie unterschiedliche Knöpfe und Glöckchen auf Band auffädeln.
- Neue Nagelbürsten, Spülbürsten, Topfkratzer, Schwämme sind ideal zum Tasten, Hantieren, ja sogar zum Bauen.

Spielidee:
Geben Sie den Kindern die gesamte Tastbox oder gezielt nur einzelne Materialien (bei Babys vielleicht nur ein einzelnes oder wenige Greif-Säckchen) zum Hantieren und Experimentieren.

So geht es auch:
Fertigen Sie eine „Fühlschlange" aus 6–8 Socken, wobei jeder Socken mit einem anderen Material gefüllt und fest verknotet ist. Binden Sie alle Socken mit Band zu einer Schlange zusammen. Der vordere Socken kann mit Kulleraugen aus Knöpfen und mit einer Zunge aus Filz verziert werden. Die Schlange können die Kinder nicht nur betasten, sie können sie an dem langen Ende des Bandes hinter sich herziehen.

Tasthaus

Alter: ab 1 Jahr
Anzahl: 1–3 Kinder
Ort: Gruppenraum, Bewegungsraum
Material: 1 großen Umzugskarton (es geht auch die „Mini-Lösung" mit einem kleineren Karton), Klebstoff (z. B. Tapetenkleister), Materialien zum Tasten (z. B. Tapete mit Profil, Noppenfolie, Wellpappe, Spiegelfolie, unterschiedliche Stoffe, Bänder, Tücher, Perlen, Ringe usw.)

Vorbereitung: Je nach Größe des Kartons fertigen Sie ein großes Haus zum Reinkrabbeln oder ein kleines Haus, das die Kinder z. B. auf den Tisch stellen können. Schneiden Sie vorn in den Karton eine Tür hinein und tapezieren bzw. bekleben Sie den Karton von außen mit den unterschiedlichsten Materialien (s. o.). Bei dem großen Haus können Sie außen oder innen sogar Bänder und Tücher mit Ringen, Perlen und Knöpfen anknoten (vorher Löcher bohren und Bänder/Tücher durchfädeln).

Spielideen:

- Die Schnüre mit Perlen und Ringen eignen sich zum Greifen, Fühlen und Tüfteln. Die unterschiedlichen Oberflächen der Außenwände lassen Kinder fühlen und staunen.
- In einem großen Tasthaus können es sich die Kinder innen gemütlich machen (vielleicht noch Kissen hineinlegen).
- Wenn Sie ein kleines Tasthaus – z. B. für den Tisch – gefertigt haben, dann lässt es sich auch als Garage für kleine Autos oder als Stall für Spiel-Tiere verwenden.

Tipp: Wenn Sie ein großes, stabiles Haus auf Dauer gestalten wollen, dann nehmen Sie einen alten Tisch, nageln hinten und an den Seiten Sperrholz- oder Hartfaserplatten fest und gestalten dann die Außenwände wie beschrieben. Sie können auch außen einen Spiegel oder Spiegelfliesen anbringen. Auch eine Klingel oder Glocke ist für neugierige Krippenkinder interessant.

Wickeltisch-Massage

Alter: Babyalter
Anzahl: 1 Kind
Ort: Wickeltisch, Matte im Gruppenraum (auch Schlafbereich)
Material: Feder, Seidentuch, weiche Bürste oder Pinsel, Igelball Tastsäckchen (je nach Spielidee)

Spielidee:

Schauen Sie das Kind an und entdecken Sie, was es Ihnen über seinen Körper (über Blicke, Gesten, Laute …) mitteilen möchte. Im Rahmen des Wickelns können Sie ein kleines Spiel anregen: Beginnen Sie intuitiv eine Spiel-Aktion und schauen Sie, wie das Kind darauf reagiert:

- Laufen Sie mit Ihren Händen den Körper des Kindes rauf und runter („Da geht ein Mann die Treppe rauf",… da kommt vielleicht eine Maus oder eine Schnecke und am Ende „pikst" ein Floh …).
- Viele Kinder lassen sich auch gern mit ein paar Materialien „necken", die Sie über die

Haut des Kindes bewegen (eine Feder, ein Seidentuch, eine weiche Bürste ...). Auch Gegenstände (z. B. *Tastsäckchen*, ➜ S. 50) auf der Haut vermitteln dem Kind ganzheitliche Körpererfahrungen.

- Malen Sie dem Kind mit Babycreme ein paar Punkte auf die Haut, die Sie anschließend sanft verreiben.
- Streichen Sie von der Brustmitte des Kindes mit beiden Händen nach außen, als wollten sie die Seiten eines Buches glätten ... Streichen Sie ebenso den Rücken.
- Stupsen Sie die Zehen bzw. die Finger an, vielleicht mit einem Spruch dazu. *(„Das ist der Daumen, der schüttelt die Pflaumen, der liest sie auf, der trägt sie nach Haus' und der kleine Schelm isst sie alle auf!")*
- Vielleicht kraulen Sie dem Kind auch den Kopf – so als wollten Sie ihm die Haare waschen – und abschließend läuft noch die Bürste durch die Haare, über die Arme und andere Körperteile.
- Die Füße können Sie einbeziehen, indem Sie die Fußsohlen des Kindes mit den Händen oder mit einem Igelball massieren.

Wichtig: Beobachten Sie immer die Reaktionen des Kindes dabei!

Massagesprüche

Alter: Babyalter
Anzahl: 1 Kind
Ort: Wickeltisch oder Kuschelecke
Material: weicher Pinsel, Feder oder Tuch

Spielideen:

Kille-Kille

Kille, kille, kille,
die Maus braucht eine Brille.
Die Maus braucht einen Hut,
der steht ihr wirklich gut.

Kitzeln Sie die Haut des Kindes mit einem Pinsel oder mit einer Feder.

Wetterbericht

Regentropfen, Regentropfen,
die ans Fenster klopfen.

Hui, hui, Wind, Wind
pustet geschwind.

Donnerblitz, Donnerblitz,
schlechtes Wetter ist kein Witz!

Doch dann, wie fein,
kommt der Sonnenschein.

Trommeln, pusten oder klopfen Sie – den Textzeilen entsprechend – auf der Haut des Kindes. Zum Schluss malen Sie mit dem Finger oder mit der flachen Hand eine Sonne auf den Bauch (oder Rücken) und als Strahlen streichen sie mit beiden Händen die Arme und Beine aus.

Augen auf!
Beobachten und staunen

Die meisten Sinneseindrücke von der Welt laufen über die Augen. Das visuelle System wird durch zu viele optische Reize schnell überlastet, deshalb sollten Krippenräume nicht übermäßig dekoriert sein und Farben, Licht und Gegenstände bewusst ausgewählt werden.

Schon Babys verfolgen bewegte Gegenstände mit den Augen, beobachten ein Mobile oder ein Blatt im Wind. Augen und Motorik werden beim Greifen eines Gegenstandes koordiniert.

Gegen Ende des 1. Lebensjahres schauen Kinder einem Gegenstand nach, der hinuntergefallen ist, und suchen ihn. Sie ziehen Gegenstände an einer Schnur heran, erfassen räumliche Beziehungen (oben–unten, innen–außen, nah–fern), konzentrieren sich auf Details (z. B. wenn sie mit dem Zeigefinger auf das Auge einer Puppe pieksen). Auch das Interesse fürs eigene Spiegelbild entwickelt sich.

Bitte beachten: Zwischen dem 6. und 18. Lebensmonat interessieren sich Kinder für ihr Spiegelbild, doch meist erkennen sie erst ab etwa 18 Monaten: „Das bin ja ich!"

Bringen Sie in der Krippe Spiegel in Kinderhöhe an, z. B. im Wasch-/Sanitärraum und im Gruppenraum. Ideal ist es, wenn sich Kinder in voller Körpergröße in den Spiegeln erkennen können, z. B. beim Krabbeln, Hochziehen, Laufenlernen und bei kreativen Aktivitäten.

Flaschenpost

Alter: ab 10 Monate
Anzahl: 1–3 Kinder
Ort: Gruppenraum
Material: durchsichtige Getränkeflaschen aus Kunststoff, Materialien zum Füllen (z. B. gefärbtes Wasser, Murmeln, Erbsen, Perlen …), Klebeband

Vorbereitung: Füllen Sie eine leere Getränkeflasche mit ein wenig Material (z. B. ein paar Murmeln), schrauben Sie diese fest zu und wickeln Sie zusätzlich Klebeband um den Verschluss.

Spielidee:

Die Kinder können beobachten und staunen, wie sich das jeweilige Material in der Flasche hin und her bewegen lässt.
Darüber hinaus sprechen die Flaschen auch den Tastsinn (die Kinder können sie über den Boden rollen lassen, ja sogar damit bauen) und das Gehör an, wenn sich im Inneren klingende Gegenstände befinden.

Bitte beachten: Variable Mobiles – mit austauschbaren Gegenständen und Materialien – bieten immer neue visuelle Erfahrungen. Übrigens sind auch Lichterketten und Lichternetze ein „Augenschmaus", weil sie stimmungsvolle Lichteffekte vermitteln. Geeignete Plätze für Mobiles sind z. B. Fenster, Kuschelecke/Sinnesecke, Wickeltisch, Schlafbereich.

Mit den Augen verfolgen: Mobiles

Alter: ab Babyalter
Anzahl: Gruppe
Ort: Gruppenraum, Wickeltisch, Schlafbereich
Material: 1 Ast, Nylonfaden, Gegenstände zum „Einhängen" (z. B. Kristalle, Federn, transparente Tücher, Märchenwolle, Lichterkette, Folie, Sterne, Papierservietten, Bänder, Blätter vom Baum …)
für die Variation: durchsichtige Kugeln aus Kunststoff, die aus zwei Hälften bestehen (Bastelbedarf)

Vorbereitung: Hängen Sie als „Basisstation" einen Ast mit Nylonband unter die Decke.

Befestigen Sie nun ein Material in dem Ast (z. B. Federn), das Sie an mehreren dünnen Fäden in den Ast hineinhängen. Jeder Windhauch bringt die Federn in Bewegung …
Nach einer gewissen Zeit ersetzen Sie das bekannte durch ein neues Material – vielleicht Kristalle, die immer neue Lichteffekte spiegeln …

So geht es auch:

- Bei Säuglingen und Krabbelkindern können Sie auch einen Gegenstand an einem Faden in Augenhöhe der Kinder halten und ihn langsam mit der Hand bewegen. Verfolgen die Kinder den Gegenstand mit den Augen? Krabbeln Sie vielleicht hinterher?

- Besorgen Sie sich durchsichtige Kunststoffkugeln, die aus zwei Hälften bestehen und eine Öse zum Aufhängen besitzen.
- Füllen Sie ein Material hinein (z. B. Perlen), verschließen Sie die Hälften wieder und hängen Sie die Kugeln an einem Faden unter die Decke. Die Kugeln lassen sich betrachten und auch mit der Hand in Schwingung versetzen.

Tipp: Für Krabbelkinder verschließen Sie die Kugeln besonders fest (zusätzlich zukleben). Am besten Sie nehmen für dieses Spiel Kugeln ohne Öse zum Aufhängen oder entfernen diese. Dann rollen Sie die Kugeln – mit dem beweglichen Inhalt – über den Boden. Wer krabbelt hinterher?

Überraschungskisten

Alter: ab 1 Jahr
Anzahl: 1–4 Kinder
Ort: Gruppenraum
Material: durchsichtige Kästen unterschiedlicher Größe (z. B. leere Konfekt- oder Pralinenschachteln), durchsichtiges Klebeband, Materialien zum Füllen (z. B. Federn, Murmeln, Knöpfe, Papierschnipsel, Erbsen, Glöckchen …)

Vorbereitung: Befüllen Sie jeden durchsichtigen Kasten – nicht ganz voll – mit je einem Material. Verschließen Sie den Kasten ringsum mit Klebeband.

Spielidee:
Wird ein Kasten hin und her bewegt, so können die Kinder beobachten, wie sich der Inhalt mitbewegt. Viele Materialien machen zudem Geräusche, sodass Sehen und Hören gleichermaßen angesprochen werden.

Farbenzauber

Alter: ab 1 Jahr
Ort: Gruppenraum
Material: farbiges Transparentpapier oder farbige Kunststofffolie, Schuhkarton, Schere, Klebstoff.

Kleben Sie ein Stück farbiges Transparentpapier oder Folie an die Fensterscheibe, eine Zwischenscheibe im Raum oder eine Glastür – das gibt interessante „Durchblicke", taucht die Welt in eine neue Farbe.
Sie können auch in Schuhkartons Fenster schneiden und diese mit farbiger Folie oder Transparentpapier zukleben.
Wer durch diese mobilen „Guck-Kästen" schaut, sieht plötzlich einen roten, gelben, grünen oder blauen Raum.

Spieglein, Spieglein an der Wand ...

Alter: ab 8 Monate
Anzahl: 1–4 Kinder
Ort: Gruppenraum
Material: 2–6 Spiegel (mindestens Kindergröße) und je nach Spielidee: alte Hüte, Schals/Tücher, Softbälle, Stoffe
für die Variation: Spiegelfliesen

Vorbereitung: Lehnen Sie mehrere Spiegel für einzelne Spiele an eine freie Wand. Sie können Spiegel auch fest und dauerhaft montieren.

Spielideen:

- Stellen oder setzen Sie sich mit einzelnen Kindern oder einer Gruppe vor die Spiegel. Bewegungen wie winken, schaukeln, klopfen, klatschen, aber auch Grimassen sprechen den Sehsinn an und fördern die Selbstwahrnehmung.
- Lustige Hüte, Tücher oder Schals aus der „Klamottenkiste" eignen sich für Verkleidungsspiele – und es ist interessant, das nun veränderte Spiegelbild zu betrachten.

- Wer möchte seinem eigenen Spiegelbild entgegen krabbeln? Legen Sie vor einen Spiegel einfach eine Straße aus Matten. Wenn das Kind geradeaus krabbelt, so trifft es am Ende der Strecke auf sich selbst im Spiegel.
- Softbälle kann man auf Spiegel werfen, ohne dass diese zerbrechen. Auf solche Weise können ältere Kinder, die schon zielgerichtet werfen, „mit sich selbst" Ball spielen.
- Ein interessantes Wahrnehmungsspiel ist das Zuhängen von Spiegeln. Hängen Sie Stoff über die Spiegelfläche. Spielen Sie „Kuckuck", indem Sie den Spiegel abwechselnd zuhängen und dann wieder öffnen.

So geht es auch:

Wenn die Kinder genügend Erfahrungen mit großen Spiegelflächen gemacht haben, können Sie später auch Spiegelfliesen einsetzen. Legen Sie die Fliesen auf einen Kindertisch. Darauf können Kinder malen oder Papierschnipsel verteilen. Bringen Sie einzelne Spiegelfliesen über dem Wickeltisch im Sanitärbereich an.

Rischel, raschel:
Hörspiele für kleine Ohren

Das Gehör ist wichtig für die Kommunikation und die Sprachentwicklung.

Lenken Sie die Aufmerksamkeit der Kinder bewusst auf Töne, Klänge, Geräusche, aber auch auf die darauf folgende Stille (z. B.: „Hör einmal, wie der Vogel singt ... und jetzt ist es ganz still.").

Hörsinn und Bewegung verbinden sich beim rhythmischen Sprechen (Fingerspiele), Singen, Instrumentenspiel und Tanzen.

Weinende Kinder lassen sich durch rhythmische Klänge von Spieluhr und Wiegenmusik beruhigen.

Klingende Ballons

Alter: ab 1,5 Jahre
Anzahl: 2–4 Kinder
Ort: Gruppenraum, Bewegungsraum
Material: Luftballons (auf gute Qualität achten!), Materialien zum Füllen (z. B.: Reis, Perlen, Erbsen, Getreidekörner, Sand, Zucker, Steinchen, winzige Glöckchen ...), Trichter, evtl. Ballonpumpe.

Bitte beachten: Lassen Sie kleine Kinder unter 3 Jahren nur unter Beobachtung eines Erwachsenen mit Ballons hantieren. Reste von einem geplatzten Ballon am besten gleich entfernen.

Vorbereitung: Sie füllen etwas Material (Reis, Perlen ...) mithilfe eines Trichters in den Ballon ein, blasen ihn auf und knoten ihn fest zu.

Sie können auch Glöckchen mit Band von außen an einen bereits aufgepusteten Ballon knoten.

Spielidee:

Ballons können die Kinder „anstupsen" und durch den Raum fliegen lassen. Dabei rascheln und klingen die Ballons geheimnisvoll.

Rassel-Instrumente

Alter: ab 1 Jahr

Die Rassel-Instrumente eignen sich besonders für freies Spiel.
Am besten Sie fertigen mehrere Instrumente und heben Sie – vielleicht zusammen mit einfachen Orff-Instrumenten – in einer „Musik-Kiste" auf.

Klingender Pfannenheber

Diese „Rassel" passt schon in Babyhände.

Material: Pfannenheber aus Holz, Handbohrer, mehrere Glöckchen, dünne Paketschnur oder Gummiband

Nehmen Sie einen Pfannenheber aus Holz und bohren Sie mit einem kleinen Handbohrer für jedes Glöckchen jeweils 2 Löcher nebeneinander, fädeln Sie ein Band durch und knoten Sie jeweils ein Glöckchen daran fest.

Astgabel mit Glöckchen

Material: kleine Astgabel

Bohren Sie rechts und links der Gabel mit dem Handbohrer ein Loch. Fädeln Sie nun das Ende eines Bandes (dickes Gummiband oder Paketschnur) durch ein Loch in der Astgabel und knoten es dort fest. Dann fädeln Sie Glöckchen auf das Band, ziehen das andere Ende des Bandes durch das zweite Loch, straffen das Band und knoten es ebenfalls fest.

Deckel-Klapper

Material: mehrere Deckel (z. B. von Babygläschen)

Bohren Sie mit dem Handbohrer in jeden Deckel ein Loch. Fädeln Sie mehrere Deckel auf ein Band und knoten Sie beide Enden des Bandes locker zusammen.

Raschelnde Milchtüten

Material: leere Milchtüten (Tetra Pak), Material zum Befüllen (Reis, Erbsen o. Ä.), Klebeband

Die Milchtüten ausspülen, trocknen lassen und mit Reis, Erbsen … etc. füllen. Die Öffnung mit dickem Klebeband überkleben.

Glockenhandschuhe

Material: unterschiedlich große Fingerhandschuhe bzw. Fäustlinge (gebrauchte Kinder- bzw. Erwachsenenhandschuhe), Glöckchen oder Schellen, Nähzeug

Bei Fingerhandschuhen nähen Sie an jeden Finger ein Glöckchen. Fäustlinge erhalten oben an der Spitze mehrere Glöckchen. Wenn die Kinder die Handschuhe anziehen und winken, klatschen … entstehen Klingelgeräusche.

Rasselorchester

Alter: ab 6 Monate (je nach Spielidee)
Anzahl: Kleingruppe
Ort: Gruppenraum, Bewegungsraum
Material: verschiedene Rassel-Instrumente (s. o.)

Spielideen:

- Sie können die Instrumente bei kleinen Liedern und Spielen gezielt einsetzen: *„Wir sind die Musikanten … Wir können rascheln … klingeln … trommeln … klappern …"* Jedes Kind bekommt ein Instrument und spielt nach seinem eigenen Rhythmus. Musikmachen ist bei Kleinkindern in besonderem Maße mit Bewegungen des ganzen Körpers, mit Gehen, Laufen, Hüpfen, Springen, Tanzen, Wiegen und Schaukeln verbunden.
- Auch eine Mini-Geschichte mit Geräuschen kann Krippenkinder ansprechen: Vielleicht erzählen Sie eine Handlung von Mäusen, die durchs Haus huschen (Regenstäbe oder Klingende Ballons), die klappern (Deckel-Klapper), rascheln (klingende Milchtüten) und allerlei Unfug anstellen.

Baby-Bongos

Alter: ab 1,5 Jahre
Anzahl: Kleingruppe
Ort: Gruppenraum
Material: Trommeln (z. B. Kaffeedosen, leere Papp-Boxen z. B. von Chips, Popcorn, Waschmittel) Schlegel (z. B. dicke kurze Rundhölzer, Pappröhren, Löffel, Schneebesen, Fliegenklatschen …)

Tipp: Rundhölzer bekommen Sie, wenn sie einen Besenstiel mit der Handsäge in kurze Stücke sägen und die Enden mit Schmirgelpapier glatt feilen.

Spielideen:

Zu Liedern und Sprüchen können die Kinder mit den Händen, mit Gegenständen (z. B. Löffeln), Pappröhren oder Rundhölzern auf den Dosen oder Boxen herum trommeln. Rundhölzer können sie auch als „Klanghölzer" verwenden und gegeneinander klopfen.

Der Trommelmann

Ich komme aus dem Kongo
und spiele gerne Bongo.

Ich trommle erst ganz leise
eine stille Weise.

Ich bin der kleine Trommelmann,
trommle jetzt so laut ich kann …

Schreit im Wald der Papagei,
ist das Trommeln schon vorbei.

Die Kinder schlagen mit den Händen auf ihre „Bongos". Sie trommeln erst leise, dann lauter und lauter.
Ist das Trommeln vorbei, verstecken sie die Hände hinter dem Rücken.

Hören und raten

Alter: ab 2,5 Jahre
Anzahl: Kleingruppe
Ort: Gruppenraum
Material: Gegenstände oder Instrumente, die Geräusche machen (Wecker, Schlüssel, Glocke, Trommel …), Bilder von Gegenständen, Fahrzeugen, Tieren, die mit der Stimme nachgemacht werden können

Spielideen:

● Zeigen Sie einen Gegenstand, z. B. einen großen Wecker. Die Kinder hören dem Ticken zu. Dann versuchen alle, das Geräusch mit der Stimme nachzumachen (tick-tack-tick-tack) …
● Zeigen Sie Abbildungen von Dingen, die Geräusche machen. Wie macht das Auto? („Tut-tut" oder „Tatü-tata"…) Auch Tierstimmen sind beliebt. (Wie macht der Hund, Vogel, die Katze etc.) Wie macht der Wind/der Regen?

So geht es auch:

- Erzeugen Sie Geräusche vor den Augen der Kinder (z. B. mit dem Schlüssel klappern, auf eine Trommel schlagen).
- Dann machen Sie ein Geräusch versteckt (hinter einem Schrank oder großen Karton). Die Kinder raten, um welchen Gegenstand/welches Geräusch es sich handelt).
- Spielen Sie Richtungs-Hören: Alle sitzen im Kreis, schließen die Augen. Sie gehen außen um den Kreis herum und klingeln mit einer Glocke. Die Kinder sollen jeweils zeigen, wo Sie mit der Glocke gerade stehen.
- Gehen Sie mit einem Schlegel durch den Raum. Schlagen Sie mal an die Heizung, mal ans Fenster, mal auf den Tisch usw. Wie klingt unser Gruppenraum?

Bewegung zur Musik

Alter: ab 2,5 Jahre
Anzahl: Kleingruppe
Ort: Gruppenraum, Bewegungsraum
Material: einfache Instrumente (z. B. Klangstäbe, Schütteldosen, Trommeln, Schellenbänder, Triangeln …)
für die Variation: CD-Player, CD mit Kinderliedern oder klassischen Musikstücken wie „Peter und der Wolf", „Blumenwalzer", „Karneval der Tiere", „Die vier Jahreszeiten", Türkisch Marsch" usw.)

Spielideen:

- Die Kinder gehen mit Instrumenten in der Hand durch den Raum, klingeln, klopfen … (z. B. mit Schütteldosen, Schellenbändern, Klangstäben, Triangeln …)
- Haben die Kinder nach einiger Zeit ihren Rhythmus gefunden, wird ein einfaches Lied dazu gesungen.

So geht es auch:

- Die Kinder hören zunächst kurze Passagen eines Musikstückes und bewegen sich frei dazu.
- Sie können auch in Rollen schlüpfen, (z. B. bei „Karneval der Tiere" als Löwen … Hühner … Elefanten usw.). Hier sollten Sie nur kurze Passagen vorspielen und das betreffende Tier jeweils ansagen.
- Beliebt ist auch ein musikalischer Spaziergang: Alle gehen durch den Raum und singen dazu, z. B. die erste Strophe von *„Hänschen klein, ging allein …"*. Jetzt bleibt die Gruppe stehen. Im Wald entdecken die Kinder ein Männlein: *„Ein Männlein steht im Walde …"* Dann geht es weiter. Ist dort nicht ein Hase? Jetzt schließt sich das Spiel *„Häschen in der Grube …"* an. Kurz darauf steht da ein Storch auf der Wiese. Alle singen *„Auf unsrer Wiese gehet was, watet durch die Sümpfe …"* und staksen wie Störche.
- Auch Spiellieder *(„Ringel-Ringel-Reihe", „Zeigt her eure Füße" … „Brüderchen komm tanz mit mir"* u. Ä.) verbinden ideal musikalische Elemente mit einfachen Bewegungsformen.

(vgl. auch *Kniereiter* ➜ S. 99)

Alles Geschmacksache:
Spiele rund ums Schmecken

Da Ess- und Ernährungsgewohnheiten sowie Geschmacksvorlieben schon in früher Kindheit geprägt werden, hat gerade die Krippe eine besondere Verantwortung, was den sich entwickelnden Geschmackssinn der Kinder anbelangt.

Leider kann in Krippen immer weniger selbst gekocht werden, viele Einrichtungen beziehen das Essen aus Großküchen. Damit dabei geschmackliche Vielfalt und Originalität nicht verloren gehen, können Sie den Kindern kleine Zwischenmahlzeiten aus frischen Lebensmitteln anbieten (z.B. als „Mini-Büffet") und sie anregen, auch mal etwas Unbekanntes zu kosten. Auch hin und wieder selber etwas kochen, zubereiten, dekorieren hilft, den Geschmackssinn in verschiedene Richtungen zu entwickeln.

Das Essen nimmt – neben Körperpflege und Schlafen – in der Krippe einen großen Teil des Tages ein und bietet ein komplexes Lernfeld für die Sinne.

Bitte beachten: Bei kleinen Kindern ist das Bedürfnis Essen anzufassen recht ausgeprägt. Deshalb sollte ihnen das Essen mit den Händen nicht verboten werden. Mit der Zeit werden die Kleinen von selbst die Großen nachahmen und Geschirr und Besteck benutzen. Übrigens sollten Sie auch in der Krippe normales Porzellangeschirr einsetzen, da es standfester ist als Plastik.

Versuchsküche für Krippenkinder

*Kleine Kinder sind ideale „Versuchsköche",
die nicht nur anfassen, sondern auch schneiden, mixen, rühren und probieren möchten.*

Alter: ab 2,5 Jahre
Anzahl: Kleingruppe
Ort: Gruppenraum, Küche
Material: Küchenutensilien und
Lebensmittel nach Rezept (s. u.)

Spielideen:

- *Nudelköche:* Fertig gekochte Nudeln wer-
den in Schüsseln verteilt. Zunächst probieren die Kinder sie „ohne alles".
Dann bekommen sie „Geschmacks-Ver-
feinerung". Da gibt es z. B. Schälchen mit:
Tomatensauce, Kräutern, Käse, Milch/
Sahne, Schinkenwürfel … Auch süße Varianten sind denkbar: geriebener Zwieback, Nüsse, Rosinen, Pflaumen-, Apfel-
oder Erdbeer-Mus. Einfach mal zugreifen!
Übrigens: Es ist ein Vorurteil, dass süße
Nudeln nicht schmecken!
- *Breiköche:* Als Basis wird Milchreis oder
Grießbrei gekocht und in viele Schüssel
verteilt. Die Kinder mixen aus Schälchen
Obstmus dazu und rühren, rühren, rühren … probieren.
Herzhafte Variante: Kartoffelbrei kochen
und mit Gemüsestückchen oder Gemüse-
brei verrühren lassen.

- *Quark & Co:* Als „Basis" Quark mit Milch
mischen, verrühren und in Schälchen verteilen. Die Kinder mixen nach Wahl z. B.
Obststücke, Obstbrei, Saft, Mandelmus,
Kakao, Kindermüsli, Zwieback, Apfelmus
dazu …
- *Obstsalat:* Weiches Obst wird von den
Kindern selbst mit Messern geschnitten
und in Quark oder Brei gegeben.

Schmeckturm

Alter: ab 2 Jahre
Anzahl: 2–4 Kinder
Ort: Gruppenraum, Küche
Material: 6–8 Vorratsdosen mit Deckel,
Schmeckproben von Lebensmitteln (z. B.
gekochte Nudeln, Stückchen von Apfel,
Banane, Weintrauben, Möhre, Gurke,
Brotstückchen, Haferflocken, Rosinen …)

Vorbereitung: Füllen Sie jeweils eine Sorte
der Lebensmittel in einen Vorratsbehälter
und verschließen Sie ihn mit dem Deckel.

Spielidee:

Die Kinder bauen nun aus den Behältern einen hohen Turm, indem Sie die Dosen vorsichtig übereinander stellen. Je höher der Turm wächst, desto geschickter muss gebaut werden. Wenn er fertig ist, so ist lange noch nicht Schluss. Jetzt geht's erst los mit dem eigentlichen Spiel:

Die obere Dose des Turms wird vorsichtig abgehoben, der Deckel geöffnet, der Inhalt zum Probieren im Kreis herum gereicht. (Bitte nur anbieten, nicht aufdrängen!) Wie schmeckt das Lebensmittel? Wer kennt den Namen des Lebensmittels? Stufe für Stufe wird so der Schmeckturm abgebaut und sein „Innenleben" gekostet.

Schmecklotto

Alter: ab 2,5 bzw. 3 Jahre
Anzahl: 2–4 Kinder
Ort: Gruppenraum, Küche
Material: 8–10 Bierdeckel, Fotos von Lebensmitteln aus Zeitschriften (z. B. Abbildung von einem Apfel, Banane, Mandarine, Käse, Müslikeks, Gurke …), Schere, Klebestift, passend zu den Bildern die *echten* Lebensmittel, Schälchen und Messer

Vorbereitung: Schneiden Sie die Abbildungen von Lebensmitteln aus und kleben sie diese jeweils auf einen Bierdeckel. Verteilen Sie die Deckel und die Lebensmittel unsortiert auf dem Tisch.

Spielidee:

Nun heißt es für die Kinder, die realen Lebensmittel zu den passenden Abbildungen zu legen, also z. B. das Foto eines Apfels zu dem leuchtend roten, duftenden Apfel auf dem Tisch.

In einem weiteren Schritt werden die Lebensmittel aufgeschnitten. Jede Sorte kommt in ein eigenes Schälchen. Nun geht es darum, das *aufgeschnittene* Obst, Gemüse in dem Schälchen dem passenden Bild zuzuordnen und dorthin zu stellen.

So geht es auch:

Die Schälchen werden bunt durcheinander gemischt und mitten auf den Tisch gestellt. Ein Kind beginnt damit, ein Stückchen Obst zu probieren. Zu welchem Bild gehört die Schmeckprobe?

Ältere Kinder können auch die Augen schließen und sich füttern lassen. Dann ist das Raten noch spannender und genussvoller.

Spiele für Schnuppernasen

Bitte einmal schnuppern! Riecht das gut? Schon nach der Geburt können Babys Gerüche wahrnehmen (z. B. die eigene Bezugsperson am Geruch erkennen).

Sorgen Sie in der Krippe für angenehme Düfte. Deshalb sollte der Windeleimer gut geschlossen und Sanitär-, Wickel- und Spielbereich getrennt und ausreichend belüftet sein.

Verwenden Sie keine ätherischen Öle, aber vielleicht natürliche Düfte (z. B. Tannenzweig auf der Heizung,duftender Blumenstrauß).

Lassen Sie Kinder an Lebensmitteln und Essen riechen und es genießen, wie Essensduft durch die Kita zieht.

Hundenase

Alter: ab 2,5 Jahre
Anzahl: Kindergruppe
Ort: Gruppenraum, Bewegungsraum
Material: Lebensmittel, die duften (z. B. aufgeschnittene Orange, duftende Erdbeere, Früchtetee …)

Bitte beachten: Hier geht es anfangs um spielerische Erfahrungen im Umgang mit Gerüchen. Sprachliche Benennung und Zuordnung der Düfte ist zunächst nicht nötig, kommt aber mit der Zeit von selbst.

Spielidee:

Alle Kinder sitzen im Kreis auf der Erde. Wer möchte Hund sein? Das ausgewählte Kind (Hund) setzt sich in die Mitte. Halten Sie dem „Hund" etwas Duftendes unter die Nase (z. B. eine aufgeschnittene Orange, eine Dose mit Tee …) und sagen Sie dazu: *„Hunde haben gute Nasen. Riech einmal, wie das duftet!"* Nehmen Sie etwas Abstand und locken sie mit: *„Hunde haben gute Nasen, sie folgen der Duftspur. Komm, wo ist der Duft?"* Jetzt heißt es: Auf allen Vieren umherkrabbeln und: „Immer der Nase nach!" Führen Sie den schnuppernden Hund mithilfe des Duftes durch den Kreis (Raum).

Dann kommt ein neuer Hund in den Kreis, schnuppert an einer „Riechprobe" und lässt sich führen …

So geht es auch:

Der Hund schließt seine Augen. Er bekommt etwas Essbares auf einem kleinen Teller zum Schnuppern vor die Nase gehalten (z. B. ein Apfelstück, eine duftende Erdbeere …). Gefällt ihm der Duft, sperrt er sein „Maul" weit auf und wird gefüttert.

Nach der Riech- bzw. Schmeckprobe kommt ein neuer Hund an die Reihe.

Bienen-Duft

Alter: ab 2,5 Jahre
Anzahl: Kindergruppe
Ort: Gruppenraum, Bewegungsraum
Material: Teebeutel mit Kindertee (jeweils nur eine Sorte, keine Mischung z. B. Orange, Pfefferminze, Fenchel, Vanille …) oder Duftsäckchen mit Früchten bzw. Kräutern

Vorbereitung: Die Kinder sitzen im Kreis. Sie gehen mit einem Teebeutel (z. B. Orange) reihum und lassen die Kinder daran schnuppern. Auf diese Weise stimmen Sie auf das Spiel ein.

Summ, summ, summ,
Biene summ herum.
Ei wir tun dir nichts zu Leide,
flieg nur aus in Wald und Heide.
Summ, summ, summ
Biene summ herum.

Summ, summ, summ,
Biene summ herum.
Such dir eine Blume aus,
riech den Duft und ruh dich aus.
Summ, summ, summ,
nun schnupper und sei stumm.

Einige Kinder spielen die Bienen: Sie breiten ihre Arme aus und fliegen im Raum umher. Die anderen Kinder sind die „Blume": Sie halten einen Teebeutel oder ein Duftsäckchen in der Hand und stehen (hocken) in der Mitte des Raumes.
Bei *„Such dir eine Blume aus …"* unterbrechen die Bienen ihren Flug, setzen sich um die „Blume" und schnuppern an den Duftsäckchen.
Dann werden die Rollen getauscht. Die „Blumen-Kinder" werden zu Bienen, die umher fliegen.

Tüfteln, matschen und noch mehr ... Kleine Entdecker unterwegs

Kleine Kinder sind von Natur aus neugierig, kreativ und im wahrsten Sinne „kleine Künstler", wenn sie Gelegenheit erhalten, mit geeignetem bildnerischen Material und Werkzeug zu experimentieren. So wird jedes neue Material erst einmal mit Entdeckerfreude ausprobiert und erforscht.

Beim Malen mischen kleine Kinder meist mehrere Farben durcheinander und setzen sie übereinander. Bei Experimenten mit Ton wird untersucht, platt geklopft, durchbohrt, zerrissen, geworfen, gerollt. Vorgegebene, gemeinsame Aufgaben mit festgelegten Arbeitsschritten und geplanten Ergebnissen (Bastelarbeiten) sind für Kinder unter 3 Jahren wenig geeignet.

Experimentierfreude, divergentes Denken (ein Problem von verschiedenen Seiten angehen), lebendige Phantasie lässt Gedanken und innere Bilder strömen und fördert die Vernetzung der Gehirnzellen. Gefühle, Gedanken, Erinnerungen können sozusagen in das formbare Material fließen, sich dort entfalten und Gestalt annehmen. Kreativität schenkt Glücksgefühle, Selbstvertrauen, Lebensfreude.

ErzieherInnen sollten die Kreativität kleiner Kinder fördern, indem Sie ihnen die Möglichkeit geben, mit allerlei Materialien „Spuren" zu hinterlassen.

Probieren und erfahren: Kreativität entwickelt sich

Schon Babys schmieren mit Brei oder patschen mit der Hand in umgeschüttetem Saft herum. Sie erfahren, dass es einen Zusammenhang gibt zwischen einer Bewegung der Arme und Hände und einer Spur, die dadurch entsteht, und dieses Erlebnis beglückt sie und macht sie stolz.

Wichtig ist, das „Schmieren" positiv zu sehen und vom negativen Image des Schmutzes zu befreien. Sorgen Sie für ausreichend Malkittel, Matschhosen, Kleidung zum Wechseln. Hier gilt: „Schmutzig machen erlaubt!" – Manchmal kann es hilfreich sein, dass ErzieherInnen ihr eigenes Verhältnis zum Thema „Matschen, Schmieren ..." überdenken. Dazu sollten sie selbst einmal nach Herzenslust mit Kleisterfarbe schmieren, nassen Ton ohne Gestaltungsabsicht bearbeiten, Wasser und Sand mit den Händen erforschen.

Krippenkinder brauchen Material, das für sie erreichbar und verfügbar ist, das sie selbstständig handhaben können, ohne dass ein Erwachsener jeden Schritt erklären und begleiten muss. Sie brauchen das Gefühl, etwas ohne fremde Hilfe bewirken und gestalten zu können.

Stufen der bildnerischen Entwicklung im Überblick

1. Lebensjahr

„Spurenschmieren" mit den eigenen Händen (z. B. auf dem Teller, im Brei, auf der Fensterscheibe, mit Saft ...)

2. Lebensjahr

Im sog. „Kritzelstadium" (2.–3. Lebensjahr) gestalten Kinder mit Stiften und Kreiden sog. „Hiebe" (aus dem Schultergelenk heraus punktförmiger Hieb mit auslaufendem Strich), „Schwünge" (dicke Strichlagen aus dem Handgelenk) und „Kreise" und „Spiralen" (sog. „Urknäule" – aus dem Handgelenk). Später folgen sich überschneidende Linien, Kreuze, Kästen, Leitern ... Wenn man Kindern schon früh Farben (Kleisterfarbe, Fingerfarbe) anbietet, so entstehen flächige Gebilde, wobei oft mehrere Farben durcheinander und übereinander gesetzt werden.

Beim Spielen mit Ton und Teig wird das Material auf unterschiedliche Weise erforscht und entdeckt (geworfen, zerpflückt, platt geklopft ...).

3. Lebensjahr

Bildwerke werden zunehmend benannt, feste Absichten verfolgt, die aber noch häufig wechseln. Oft stehen Symbole für reale Dinge.

Sonnenartige Gebilde, sog. „Tastkörper" (Kreis mit Fühlern oder Strahlen) und „Kopffüßler" (Kreis mit angehängten Gliedmaßen als Darstellung von Menschen/Tieren) sind zunehmend zu beobachten.

Kinder brauchen bei ihren ersten Gestaltungsversuchen ErzieherInnen, die sie aufmerksam beobachten, die geeignete Materialien zur Verfügung stellen und – wenn sprachliche Fähigkeiten wachsen – auch über Bildwerke behutsam mit ihnen sprechen, ohne korrigierend in die Bildwerke einzugreifen!

Ideal ist, wenn den Kindern im Gruppenraum eine „Gestaltungs-Ecke" mit Wasseranschluss und niedrigem Materialschrank zur Verfügung steht, sodass sich die Kinder jederzeit von dem Angebot anregen und einladen lassen.

Inspiration für Themen

Obwohl kleine Kinder zunächst vorrangig das Material ausprobieren, lassen sie sich in ihren ersten Gestaltungsprozessen durchaus von der äußeren Umgebung, von Bildvorlagen, Gegenständen, Themen und Erlebnissen anregen.

Gestalten Sie die Kinderräume mit Bildern von KünstlerInnen (z. B. „Das Mädchen mit der Taube" von Picasso, „Der goldene Fisch" von Klee, diverse Bilder von Hundertwasser …) und wechselnden Postern.

Räume sollten bewusst ästhetisch-künstlerisch gestaltet, aber nicht übermäßig „dekoriert" werden (der Raum „erzieht" mit). Auch Bilderbücher, Jahreszeiten, Feste, gemeinsame Erlebnisse vom Tag (wir waren im Wald, im Zoo …) regen die Kinder beim bildnerischen Gestalten an.

Ihre ersten künstlerischen Versuche sind sinnliche, körperbezogene Aktivitäten, und dabei werden oft die eigenen Hände oder andere Körperteile mit Farbe, Sand, Ton, Creme und Schaum eingestrichen.

Zwar findet man bei allen Kindern bestimmte Merkmale in der Entwicklung ihrer Bildwerke (z. B. Kritzelstadium, „Kopf-Füßler" usw.), dennoch ist der Gestaltungsprozess kleiner Kinder so individuell, dass manche Kleinkinder jenseits gängiger Theorien und Entwicklungsschritte schon sehr früh erstaunliche Bildaussagen schaffen, die sie auch schon bald zu benennen beginnen: So heißt ein Klecks vielleicht erst „Mama", kurz darauf „Auto" oder „Hund".

Im Laufe der weiteren Entwicklung, versucht das Kind immer mehr, seine Absicht geplant und deutlich hervorzubringen. Allerdings findet man nach wie vor viele Experimente, viel Freude an Kritzeleien, am Schmieren und Matschen.

Malspiele für „Schmierfinger"

Nassmaterialien (z.B. Fingerfarben) sind Stiften zunächst vorzuziehen, weil mit Farben flächige, großzügige, ausdrucksstarke Bildwerke gelingen. Zum Malen sind für kleine Kinder ein Maltisch, eine (doppelseitige) Staffelei, eine Malfläche an der Wand (z.B. abwaschbare Kunststoffplatte, Spiegel) zu empfehlen.

Kleinkinder malen gerne stehend an einer Staffelei oder vor einem Tisch, denn auf diese Weise können sie sich besser bewegen als sitzend und den ganzen Körper mit einbeziehen. Zuweilen hocken und knien sie auch auf dem Boden, der zuvor am besten mit einer abwaschbaren Plane abgedeckt wurde.

Als Unterlage für Papier können Malbretter aus Kunststoff dienen. Oder die Kinder arbeiten gleich auf großen Bahnen von Tapete oder Packpapier.

Da trocknende Bilder viel Platz brauchen, ist ein Gestell anzuraten, in das Malbretter mit Bildern zum Trocknen eingelegt werden können (Kiga-Bedarf oder Baumarkt).

Fingerfarbe aus Mehl und Maisstärke

Alter: ab 1 Jahr
Anzahl: 2–4 Kinder
Ort: Gruppenraum, (Mini- Atelier)
Material: 100 ml Wasser, 4 EL Mehl oder Maisstärke, Lebensmittelfarbe oder Pflanzensaft (z.B. Saft von Kirschen, Roter Bete, Möhren, Blaubeeren, Spinat,… Früchtetee, auch Kakao und färbende Gewürze) Papier, Spiegel, Malbrett, abwaschbare Tischdecke (Wachstuch), Lappen
für die Variation: klarer Tortenguss

Vorbereitung: Mischen Sie Wasser und Mehl bzw. Maisstärke zu einem streichfähigen Brei. Geben Sie Lebensmittelfarbe oder Pflanzensaft hinzu. Neben der kalten Variante gibt es auch die gekochte: Dazu kochen Sie Maisstärke und Wasser in einem Topf auf, rühren öfters, damit keine Klümpchen entstehen, und lassen die Masse dann erkalten. Zum Schluss geben Sie – wie oben beschrieben – Lebensmittelfarbe oder Pflanzensaft hinzu.

Spielidee:
Die Fingerfarbe kann auf Spiegel, Malbrett, einer abwaschbaren Tischdecke oder Papier vermalt werden.

So geht es auch:
Kochen Sie klaren Tortenguss nach Packungsanleitung mit Wasser auf. Geben Sie Lebensmittelfarbe oder Pflanzensaft hinzu, rühren gut um und lassen die Masse dann erkalten.

Gestalten mit Kleisterfarbe

Alter: ab 1,5 Jahre
Anzahl: 2–4 Kinder
Ort: Gruppenraum, Mini-Atelier
Material: Tapetenkleister, Wasser, ungiftige Farbpigmente oder Fingerfarbe, dickes Papier oder Karton (mindestens DIN A3), eventuell Pinsel mit kurzem Stil (auch selbst gemacht, z. B. aus einem Ast oder Holzstab, der mit Stoff bzw. Wolle umwickelt wurde) – Maltisch oder Staffelei, alte Oberhemden als Malkittel, flache Schälchen.
für die Variation: z. B. Sand, Zucker Papierschnipsel, Sägespäne, Filzreste, Steinchen, kleine Muscheln, Konfetti …

Vorbereitung: Mischen Sie Kleister mit Wasser, sodass ein flüssiger Brei entsteht. Geben Sie Farbpulver (Pigmente) oder etwas fertige Fingerfarbe hinzu und verrühren Sie die Farbe. Füllen Sie die Farbe in flache Schälchen. Befestigen Sie Papier/Pappe auf Malbrettern oder auf der Staffelei.

Spielideen:

- Der Farbbrei inspiriert Kinder, mit der Hand hineinzugreifen und Spuren auf das Papier zu bringen.
- Später können Sie fertige Pinsel oder mit Stoff bzw. Wolle umwickelte Äste oder Stöcke als Pinsel anbieten.

So geht es auch:

Wenn die Kleisterbilder flach auf dem Tisch oder auf dem Boden liegen, so können Kinder z. B. Sand, Zucker, Papierschnipsel, Sägespäne … darüber streuen. Die Materialien haften, wenn der Kleister getrocknet ist und ergeben zuweilen zauberhafte Effekte.

Abdrücke aller Art

Alter: ab 2 Jahre
Anzahl: 2–4 Kinder
Ort: Gruppenraum (Mini-Atelier)
Material: Fingerfarbe, nach Wahl: Glasplatte, Spiegel oder Malbrett
für die Variation: diverse Materialien (z. B. Schwamm, Lappen, Styropor, Wellpappe, Flaschenkorken, alte Gummitiere, Spielzeugautos …), saugfähiges Papier

Spielanleitung:

- Monotypien (Einmaldrucke) sind schon für kleine Kinder geeignet. Die Kinder geben ein paar Kleckse oder Striche Farbe auf eine Glasplatte, einen Spiegel oder auf ein Malbrett. Zeigen Sie Ihnen, wie sie ein weißes Blatt Papier darauf legen, mit den Händen fest drücken und wieder abziehen können. So bleibt eine Druckspur auf dem Blatt zurück.
- Werden die Finger mit Kleisterfarbe oder fertig gekaufter Fingerfarbe eingestrichen und auf Tapete oder Packpapier gedrückt, so entstehen bleibende Abdrücke, die als Wandbild aufgehängt werden können. Mit Hand- oder Fingerabdrücken kann auch ein Spielhaus aus Pappkarton, eine Glastür im Innenbereich, eine Fensterscheibe, ein Betttuch (als Vorhang oder Tischdecke) bedruckt werden.

Kritzelspaß
mit Stiften und Kreiden

Wenn Kinder mit Stiften und Kreiden kritzeln, so ist die Handhabung wichtig. Das Kind sollte den Stift oder die Kreide fest umschließen und sicher halten können. Natürlich ergreifen Kleinkinder gern Wachsmaler, Buntstifte oder Bleistifte, wie sie es bei den Erwachsenen beobachtet haben. Allerdings sind die Kritzelspuren mit diesen Stiften oft nicht dick und ausladend genug, weil dem kleinen Kind die Kraft fehlt, um genügend Druck ausüben zu können. Inzwischen gibt es kurze und extra weiche Bunt- und Wachsmalstifte für Krippenkinder (Kiga-Bedarf). Auch weiche (ungiftige) Kohle- und Grafitstifte können eine gute Alternative sein, da sie ohne Kraftaufwand eine deutliche Zeichenspur hinterlassen.

Zuckerkreide

Zuckerkreide haftet ohne Druck auf dem Untergrund.

Alter: ab 1,5 Jahre
Anzahl: 2–4 Kinder
Ort: Gruppenraum (Mini- Atelier)
Material: farbige Schulkreide, Tasse mit Wasser, Zucker, Pappe oder dickes Papier

Vorbereitung: Mischen Sie 2 TL Zucker und 1 Tasse Wasser und rühren Sie alles mit einem Löffel um. Brechen Sie die Kreidestücke einmal durch und legen Sie die Kreide mehrere Stunden in das Zuckerwasser.

Spielideen:

Durch den Zucker erhält die Farbe eine besondere Leuchtkraft, was kleine Kinder fasziniert. Lassen Sie die Kinder die Kreiden ausprobieren, z. B. stehend an einem Maltisch.
Neben einem weißen Untergrund sind auch farbige Papiere und Pappen interessant.

Gestalten mit weichen Stiften

Alter: ab 1,5 Jahre
Anzahl: 2–4 Kinder
Ort: Gruppenraum (Mini-Atelier)
Material: weiche Wachsmaler (auch „Malbirnen"), Aquarellkreiden, weiche (ungiftige) Kohle- oder Grafitstifte (evtl. kurze, weiche Buntstifte), Papier (z. B. Tapete, Packpapier) oder Pappe

Tipp: Neben Kiga-Bedarf auch im „Künstlerbedarf" nachschauen!

Spielideen:

Beobachten Sie, welche Kinder von sich aus zu Stiften und Kreiden greifen und diese schon sicher halten und handhaben können. Sie können Kinder zusätzlich anregen, indem Sie ein paar weiche Stifte oder Kreiden auf ein großes Stück Tapete legen und die Kinder auffordern, sie auszuprobieren. Zurückhaltende Kinder lassen sich vielleicht durch Sprüche, kleine Kritzel- und Bewegungsspiele motivieren (s. u.).

Interessant sind unterschiedliche Papiere. So kann eine weiße Kreide auf einem schwarzen Karton spannende Effekte erzeugen. Mit einem Kohle- oder Grafitstift auf Raufasertapete zu kritzeln ist anders als auf glattem Papier.

Wer fängt die Maus?

Alter: ab 1,5 Jahre
Anzahl: 2–4 Kinder
Ort: Gruppenraum (Mini-Atelier)
Material: Tapetenrolle oder Packpapier, Stoffmaus (oder Taschentuch/Stoffwindel bzw. Stück Fell), weiche Stifte oder Kreiden, kleine Kiste

Vorbereitung: Legen Sie eine Stoffmaus bereit oder fertigen Sie selber eine Maus, indem Sie in ein Taschentuch oder eine Stoffwindel einen dicken Knoten machen (eventuell Augen aufmalen) oder ein Stück Fell als „Maus" verwenden.

Spielideen:

Die Kinder sitzen/stehen um die Malfläche herum. Jedes Kind hält einen dicken, weichen Stift oder Kreide in der Hand. Damit kann es auf dem Papier Spuren hinterlassen, indem es die Maus mit dem Stift „verfolgt".

Ei, da sitzt die kleine Maus
in ihrem Haus und ruht sich aus.
Da klopft es (...) und schon flitzt die Maus
aus ihrem Mäusehaus heraus.
Sie rennt nun über Stock und Stein.
Wer fängt die kleine Maus mal ein?

Legen Sie die Maus unter die Kiste. Klopfen Sie auf den Tisch.
Lassen Sie die Maus aus dem Karton heraus und dann über das Papier laufen. Die Kinder flitzen mit ihren Stiften hinterher und machen Spuren auf dem Papier.
Haben die Stifte die Maus erreicht und „gefangen", so muss sie wieder unter die Kiste und das Spiel kann von vorn beginnen.

Bitte beachten: Das Spiel soll Freude an großflächiger Gestaltung wecken. Dies kann zurückhaltende Kinder ermutigen, sich auf dem Papier „auszuleben".
Da nicht alle Kinder von Anfang an Fingerfarbe u. a. Malmittel annehmen, können solche Spiele ein erster Schritt sein, mit weichen Stiften Spuren zu hinterlassen und Bewegung und Gestaltung in einem Spiel zu verbinden.

Matschen und formen

Neben dem zweidimensionalen Malen (und eindimensionalen Zeichnen mit weichen Stiften/Kreiden) sollten die Kinder möglichst oft Gelegenheit zu dreidimensionalem, plastischem Gestalten bekommen. Wichtig ist dabei die leichte Formbarkeit des Materials. Knete, die mit den Händen vorgewärmt und weich gemacht werden muss, ist für Krippenkinder ungeeignet, da sie zu viel Kraftaufwand benötigen und rasche Erfolgserlebnisse ausbleiben.

Weicher Spielteig, Ton, Sand, Wasser, Schaum, Creme … sind dagegen ideale Mittel zum Schmieren, Matschen und Formen. Beim Gestalten mit Ton und vergleichbaren weichen Materialien gehen die Kinder, nachdem sie anfänglich das Material ausprobiert haben, zum Formen erster Gegenstände und kleiner Bauwerke über und erfinden erste Spielgeschichten

Wolkenteig

Alter: ab 1 Jahr
Anzahl: 2–4 Kinder
Ort: Gruppenraum (Mini- Atelier)
Material: 3 Tassen Mehl, 2 Tassen Wasser, 2 EL Öl, Lebensmittelfarbe oder Pflanzensaft, abwaschbare Tischdecke oder Folie

Vorbereitung: Die Zutaten mischen und zu einem weichen Teig verkneten.

Spielideen:

Wenn Kinder in den weichen Wolkenteig hineingreifen, so spüren sie, wie er in ihren Händen nachgibt, wie er sich verformen und gestalten lässt. Er vermittelt kleinen Kindern rasche Erfolgserlebnisse, ist garantiert ungiftig, kann sogar einmal in den Mund wandern. Geben Sie jedem Kind eine größere Menge Wolkenteig in die Hand und beobachten Sie, wie das einzelne Kind damit umgeht und welche kreativen Ideen es von sich aus entwickelt.

So geht es auch:

Wenn die Kinder genügend experimentiert haben, geben Sie Ihnen Hilfsmittel: Wolkenteig lässt sich in Gefäße geben (z. B. Eierkartons, Becher, Dosen …). Die Kinder können auch Muscheln, Kastanien, Stöckchen hineinstecken.

Kleine Tonwerkstatt für Minis

Alter: ab 2 Jahre
Anzahl: 2–6 Kinder
Material: 1 Block Ton, Gefäß mit Wasser, abwaschbare Decke, evtl. Knetbretter, dazu: Hölzer, Stöckchen, Kämme, Löffel, Muscheln, Zweige, Kieselsteine, Federn Tannenzapfen …
Ort: Gruppenraum (Mini-Atelier)

Vorbereitung: Auf einem alten Tisch können die Kinder direkt arbeiten. Ansonsten decken Sie den Tisch mit einer abwaschbaren Decke ab (eventuell große Knet- oder Malbretter verteilen). Legen Sie jedem Kind einen großen Klumpen Ton auf den Platz.

Bitte beachten: Zunächst brauchen Sie kein Wasserschälchen auf den Tisch zu stellen, da sich die Kinder sonst eher dem Wasser zuwenden und den Ton damit „überschwemmen". Später kann der Ton – wenn er zu trocken wird – angefeuchtet werden. Wenn die Kinder ausreichend mit dem Ton gespielt haben, so fügen Sie alle Klumpen und Reste wieder zu einem großen Block zusammen, wickeln diesen in feuchte Tücher ein und bewahren ihn in einer speziellen Kiste oder in einem Eimer auf. So kann der Ton über einen längeren Zeitraum täglich zum Einsatz kommen.

Hinweis: Wenn die Kinder ihre Produkte aufheben möchten, so lassen sie diese einfach an der Luft über mehrere Tage (abseits vom Spielgeschehen) trocknen.

Spielideen:

Für viele Kinder ist es ein sinnliches Vergnügen, Ton auf unterschiedliche Weise zu handhaben (durchbohren, zerpflücken, klopfen, schlagen, rollen …). Die ersten Formen und Gebilde entstehen zufällig. Oft werden sie von den Kindern wieder vernichtet. Manchmal werden sie erweitert und weiter entwickelt. Das erste Werkzeug sind die Hände der Kinder. Deshalb verzichten Sie anfangs auf Zugabe von Hilfsmitteln (Knethölzer). Sie brauchen den Kindern weder Techniken noch Grundformen zu zeigen.

- Nach der Experimentierphase kann der Ton zusätzlich mit Werkzeugen (Hölzer, Stöckchen, Kämme, Löffel …) bearbeitet werden.
- Geben sie den Kindern Muscheln, kleine Zweige mit Blättern, Kieselsteine, Federn, Tannenzapfen …, die in den Ton gesteckt werden.

So entsteht vielleicht ein „Wald" oder ein „Strand".

- Mit zunehmendem Alter verfolgen die Kinder eine bestimmte Absicht und gehen planvoll vor. So wird aus einer Walze vielleicht eine „Schlange" oder eine „Banane", aus einer Kugel ein „Ball" oder ein „Apfel".
- Die Kinder entwickeln oft kleine Spielszenen: z. B. kriecht eine „Schlange" über den Tisch, besucht eine „Schnecke", frisst einen „Apfel". Für die Puppen wird „Essen" bereitet, z. B. „Würstchen", „Pizza" oder „Brot".

Kleister-Sand

Alter: 2 bzw. 2,5 Jahre
Anzahl: 2–4 Kinder
Ort: Gruppenraum (Mini-Atelier) oder Freigelände
Material: Tapetenkleister, Schüssel, dickes Papier oder Pappe, feiner Sand (z. B. Vogelsand)
für die Variation: Joghurtbecher oder Gefrierbeutel – Weitere Möglichkeit: Suppenkellen, Deckel von Schuhkartons, Naturmaterialien (z. B. Muscheln, kleine Steine, Blätter, Bohnen, kleine Kastanie, Tannenzapfen …)

Spielideen:
Die Kinder kleistern mit den Händen ein Stück Pappe oder saugfähiges Papier ein (das Papier eventuell mit Klebeband auf der Unterlage festkleben). Sie wischen ihre Hände mit einem Lappen ab, bevor sie mit beiden Händen feinen Sand auf das Blatt streuen. Wenn Kleister und Sand getrocknet sind, schütteln sie den überschüssigen Sand in eine Wanne.

Sandkisten und Wannen

Alter: ab 1 Jahr
Anzahl: 2–4 Kinder
Ort: Gruppenraum, Nebenraum, Eingangshalle
Material: feiner, sauberer, trockener Sand, Behälter nach Wahl (z. B. mehrere große Schuhkartons, flache Obstkisten, Schüsseln, Wannen, große, flache Holzkiste …) Löffel, Gabeln, Joghurtbecher, Trichter, Naturmaterialien (Tannenzapfen, Kastanien, Steine, kleine Äste, Muscheln …)

Vorbereitung: Füllen Sie die Kartons oder Kisten mit Sand und stellen Sie die Gefäße auf einen Tisch in Kinderhöhe. Auf dem Boden würden Kinder vielleicht hineinsteigen und den Sand unnötig im Umfeld verteilen. Deshalb ist die stehende Haltung sinnvoller.

Spielideen:
- Jedes Kind erhält einen eigenen Karton, Kiste oder Schüssel/Wanne mit Sand, um mit den Händen zu experimentieren.
- Oder Sie stellen eine große, flache Holzkiste auf einen Tisch, sodass (maximal) vier Kinder rundum stehen können.
- Neben den Händen handhaben die Kinder den Sand mit Löffeln, Bechern. Als Ergänzung bieten Sie Tannenzapfen, Kastanien, Steine, Muscheln … an.
- Je nach Situation holen sich die Kinder vielleicht ein paar Holztiere oder Mini-Autos dazu. Hier sind der Fantasie (fast) keine Grenzen gesetzt.

Spiele mit Wasser, Schaum und Creme

Fast jedes Kind interessiert sich für Wasser. Oft zum Leidwesen der Eltern und ErzieherInnen, die Überschwemmungen und Wasserverschwendung befürchten. Wer aber beobachtet, wie hingebungsvoll, konzentriert und entspannt kleine Kinder mit Wasser experimentieren, der wird nach Mitteln und Wegen suchen, ihnen dieses wertvolle Element zugänglich zu machen.

Im Sommer im Garten sollte ein Planschbecken zur Verfügung stehen. Aber auch in Räumen können Wasserspiele – bei entsprechenden Vorkehrungen – möglich sein. Dazu bietet es sich an, den Waschraum/Sanitärraum mit zu nutzen (Raum entsprechend aufheizen, Fenster und Türen schließen, eventuell eine abwaschbare Matte auf den Boden legen). Die Kinder spielen nackt bzw. nur mit einer Windel bekleidet. Waschbecken, Duschtasse, Wanne können mit genutzt werden.

Einfüllen, umfüllen, ausleeren ...

Alter: ab 1 Jahr
Anzahl: 2–4 Kinder
Ort: Waschraum/Sanitärraum oder Garten
Material: Schöpfkellen, Becher, kleine Schüsseln, Trichter, Schneebesen, flüssige Seife oder Badeschaum, Kinderbadewannen oder große Schüsseln, eventuell abwaschbare Matte für den Boden)

Vorbereitung: Haben Sie ausreichend große Waschbecken oder Waschrinnen, so kann das Wasservergnügen gleich dort stattfinden. Ansonsten stellen Sie Kinderbadewannen oder große Schüsseln auf eine abwaschbare Matte auf den Boden oder auf einen niedrigen Tisch. Stellen Sie Kellen, Becher, Schüsseln ... in einer Kiste oder in einem Korb bereit.

Spielideen:

- Kleine Kinder lassen sich von dem Material allein inspirieren. Meist füllen sie unermüdlich Wasser ein und schütten es wieder aus bzw. füllen es um.
- Einige Spritzer Flüssigseife verwandeln das Wasser in ein kleines Schaumbad. Die flüssige Seife kann von den Kindern mit einem Schneebesen aufgeschäumt werden.

> **Rezept für selbst gemachte Körperfarbe**
> 1 Tasse Maisstärke, ½ Tasse Wasser, ½ Tasse Kindercreme oder Bodylotion mischen (je nach Anzahl der Kinder die Menge verdoppeln). Etwas Lebensmittelfarbe hinzugeben und alles verrühren. Die Körperfarbe lässt sich am besten im Sommer draußen im Freien verwenden.

Creme- und Schaumspaß

Alter: ab 1 Jahr
Anzahl: 2–6 Kinder
Ort: Waschraum/Sanitärraum oder Garten
Material: Kindercreme oder -lotion in kleinen Töpfen, abwaschbare Matten/ Läufer, Handtücher
für die Variation: Badeschaum, Rasierschaum, Spiegel, etwas Lebensmittelfarbe, eventuell Seifenblasen-Spiel.

Vorbereitung: Legen Sie auf dem Boden Matten aus und stellen Sie die o. g. Materialien bereit.

Spielidee:
Regen Sie die Kinder dazu an, auf ihrem Körper mit der Creme Punkte, Kleckse und andere Spuren zu hinterlassen. Einige Kinder genießen es vielleicht, von Ihnen eingecremt zu werden.

So geht es auch:
Rühren Sie Badeschaum mit ein wenig Wasser in Schüsseln an und schon kann ein Schaumspaß beginnen.
Stellen Sie einen Spiegel in Kinderhöhe auf. So können sich die Kinder beim Matschen und Cremen selbst beobachten bzw. auch den Spiegel mit Schaum einstreichen. Ideal ist Rasierschaum. Er verschwindet fast von selbst wieder.

Ritsch, ratsch:
Gestalten mit Papier

Papier, Pappe, Kartons sind für Krippenkinder ideale Materialien, weil sie sich relativ leicht handhaben lassen und sinnlich-kreative Erfahrungen ohne viel Vorbereitung und Kosten ermöglichen. Auch ohne Bastelschere und Klebe ist das Material für vielerlei Effekte gut.

Sammeln Sie möglichst unterschiedliche Papiere wie alte Kataloge, Prospekte, Kunstkalender, Zeitungen, Illustrierte, Packpapier, Transparentpapier, Geschenkpapier, Papierservietten, Taschentücher, Haushaltsrolle, Toilettenpapier … Auch Pappe, Schachteln und Kartons sollten in keinem Materialschrank fehlen.

Bad aus Papier

Alter: ab 1 Jahr
Anzahl: 2–4 Kinder
Ort: Gruppenraum, Bewegungsraum, Halle/Flur
Material: Seidenpapier, Papierservietten, Packpapier … Kinderplanschbecken, Wanne oder großer, flacher Karton

Vorbereitung: Knüllen bzw. zerreißen Sie Papier und füllen Sie es in ein leeres Kinderplanschbecken, eine Wanne oder in einen flachen Karton.

Spielideen:
Lassen Sie die Kinder in das Bad aus Papier ein- und aussteigen. Die Kinder können auch darin sitzen bleiben, das Papier durchwühlen, durcheinander wirbeln usw.

Schneeballschlacht und Flockenzauber

Alter: ab 2 Jahre
Anzahl: 4–8 Kinder
Ort: Gruppenraum, Bewegungsraum
Material: Seidenpapier, Zeitungspapier (eventuell Schere), Kiste oder Karton

Vorbereitung: Papier zu Kugeln knüllen oder Papier in Streifen schneiden (die Kinder können die Streifen weiter zerreißen).

Spielideen:

- Regen Sie eine kleine Schneeballschlacht mit den Papierbällen an.
- Lassen Sie die Kinder das Papier zu kleinen Schnipseln zerreißen. Das ist gar nicht so einfach (vielleicht mit der Schere etwas einschneiden). Lassen Sie die Schnipsel als „Regen" oder „Schnee" auf die Kinder herab rieseln, indem Sie die Schnipsel in eine Kiste geben und über den Kindern ausleeren. Das Papier kann wieder eingesammelt und erneut ausgekippt werden.

Schnipselspaß

Alter: ab 2,5 Jahre
Anzahl: 2–4 Kinder
Ort: Gruppenraum, Mini-Atelier
Material: festes Papier (DIN A3), Tapetenkleister, verschiedene Papierschnipsel (Reste), Lappen
für die Variation: Architektenpapier oder Marmeladenglas

Spielideen:

Die Kinder streichen das Blatt mit Kleister ein. Dann werden die Hände mit einem Lappen gesäubert, sodass sie nicht mehr kleben. Fordern Sie die Kinder auf, in eine Vorratskiste mit Papierschnipseln zu greifen und die Schnipsel über das Blatt zu streuen, sodass sie kleben bleiben.

So geht es auch:

Nehmen Sie als Basis Transparentpapier (Architektenpapier), das – wie oben beschrieben – mit Kleister eingestrichen wird. Wieder können die Kinder Schnipsel, aber auch Konfetti auf das Papier rieseln lassen.

Nach dem Trocknen lässt sich Transparentpapier als Laterne um ein Glas mit einem Teelicht kleben oder als Fensterbild aufhängen.

Die Kinder können auch ein Marmeladenglas mit Kleister einstreichen und viele Schnipsel aufkleben. Nach dem Trocknen einfach ein Teelicht hineinstellen und als Tischlaterne verwenden.

Erste Collagen

Alter: ab 2,5 Jahre
Anzahl: 2–4 Kinder
Ort: Gruppenraum, Mini-Atelier
Material: alte Kataloge, Prospekte, buntes Geschenkpapier, alter Kunstkalender, große Papierbögen (mindestens DIN A3), Tapetenkleister (eventuell Schere)
für die Variation: nach Wahl: weiche Wachsmaler oder Kreiden und diverse Ergänzungs-Materialien (z. B. dicke Wollfäden)

Spielideen:

Betrachten Sie mit den Kindern Bilder aus Katalogen/Prospekten, Kalendern und wählen Sie gezielt interessante Darstellungen (Spielzeug, Tiere, Fahrzeuge …) aus. Was den Kindern gefällt, reißen oder – wenn sie schon mit einer Schere umgehen können – schneiden sie einfach großzügig aus. Hier wird das Kind in seiner visuellen Wahrnehmung, Sprache, Feinmotorik und kreativen Ausdrucksmöglichkeit angesprochen.

Beim Aufkleben wird entweder das ganze Blatt mit Kleister eingestrichen und die einzelnen Bilder auf den Kleistergrund gedrückt oder jedes einzelne Bild mit einem Finger und Kleister eingestrichen und auf dem Papier platziert.

So geht es auch:

Interessant ist auch ein „Materialmix": Wenn die Collage getrocknet ist, kritzeln die Kinder mit weichen Wachsmalern oder Kreiden in das Bild hinein und/oder kleben andere Materialien (z. B. dicke Wollfäden) dazu.

Spaß mit Papiertüten

Alter: ab 2 Jahre
Anzahl: 2–4 Kinder
Ort: Gruppenraum, Mini-Atelier
Material: Einkaufstüten aus Papier (unbeschriftet), weiche Stifte oder Fingerfarbe (eventuell Papierreste und Kleister)

Spielideen:

Jedes Kind erhält eine Papiertüte, die es nach seinen Vorstellungen anmalen oder mit Papierresten und Kleister bekleben kann. Die Tüten lassen sich vielseitig verwenden:

- zum Transport von Gegenständen (z. B. Bälle, Spielzeug)
- für Ziel-Würfe, wenn die Tüte groß genug ist, um sie mit einem Ball zu treffen bzw. Bälle hineinzuwerfen.
- als „Kleid", wenn man den Boden entfernt und die Kinder hineinsteigen lässt.
- als „Maske" für den Kopf, wenn zuvor von einem Erwachsenen eine große Öffnung bzw. Sehschlitze hineingeschnitten wurden
- als „Laterne", wenn man sie an einen Stock mit einer elektrischen Birne und Batterie hängt.

Bauen und werkeln

Am Anfang des 2. Lebensjahres bauen Kinder erste kleine Türme, meist aus nur zwei oder drei Bausteinen. Beim Bauen entwickeln sie erste räumliche Vorstellungen, erfahren physikalische und mathematische Gesetze. Es wird aber nicht nur in den Raum hinein gebaut. Auch der Raum selbst kann verändert werden, z. B. indem eine Puppenwohnung, eine Höhle oder ein Tiergehege entsteht.

Neben großen Spiel-Bausteinen bietet die Umwelt eine Vielzahl an Bauelementen: Dosen aus der Küche, Schachteln, Kartons können genauso zum Bauen einladen wie Naturmaterialien (Muscheln, Steine, Baumscheiben, kleine Äste).

Alles, was uneben ist und nicht sofort stehen bleibt oder sich zusammenstecken lässt (wie Duplo-Steine), bietet eine besondere Herausforderung für die Feinmotorik und spricht die Sinne in vielfältiger Weise an.

Becher, Dosen, Schachteln

Alter: ab 1 Jahr
Anzahl: 2–4 Kinder
Ort: Gruppenraum
Material: Dosen/Schachteln unterschiedlicher Größe (leere Kaffeedosen, Vorratsdosen, Schachteln …), Schaufel und Material zum Umfüllen (Kastanien, Bohnen, Nüsse …)

Spielideen:
- Reichen Sie den Kindern die Dosen/Schachteln zunächst zum Ausprobieren. Welche Ideen entwickeln sie von sich aus?
- Stecken Sie nun Dosen und Schachteln unterschiedlicher Größe ineinander, sodass die Kinder Gefäß für Gefäß öffnen und bis zum kleinsten Inhalt vordringen können (Prinzip „Russische Puppe").

- Geben Sie den Kindern eine große Dose, eine Schaufel und ein handliches Material (z. B. Kastanien, rote Bohnen, Nüsse …) in einem Extragefäß. Nun können die Kinder mit der Schaufel Kastanien, Bohnen oder Nüsse in die große Dose geben, ausleeren, umfüllen usw.

Äste, Stämme und mehr

Alter: ab 2 Jahre
Anzahl: 2–4 Kinder
Ort: Gruppenraum (z. B. Teppich auf dem Boden)
Material: Stämme, Äste (unterschiedliche Stärken von 5–20 cm), Handsäge, eventuell flüssiges Bienenwachs zum Polieren
für die Variation: Muscheln, Steine, Kastanien, Tannenzapfen, Baumwurzeln …

Vorbereitung: Sägen Sie die Stämme/Äste in Stücke (die Höhe/Stärke sollte unterschiedlich sein). Sie können die Holzstücke, nachdem sie von überschüssiger Rinde befreit wurden, zusätzlich mit flüssigem Bienenwachs einpinseln. So riechen sie angenehm, liegen weich in der Hand und haben einen leichten Schutzfilm.

Spielideen:
- Bewahren Sie die Aststücke in einem oder mehreren Körben auf. So stehen sie den Kindern jederzeit zum Bauen zur Verfügung. Unebenheiten und asymmetrische Formen des Naturmaterials fördern Handgeschick und Feinmotorik ebenso wie Fantasie und Kreativität.
- Äste lassen sich beim Bauen gut mit anderen natürlichen Materialien wie Muscheln, Steinen, Kastanien, Baumwurzeln … kombinieren.

Bauen mit Schuhkartons

Alter: ab 2 Jahre
Anzahl: 2–4 Kinder
Ort: Gruppenraum, Bewegungsraum, Freigelände
Material: 8–12 Schuhkartons unterschiedlicher Größe (von kleinen Kartons für Kinderschuhe bis großen Kartons für Stiefel – im Schuhgeschäft nachfragen!), Klebeband und Schere

Spielideen:
- „Deckel auf, Deckel zu …!" – Dieses Experimentierspiel funktioniert mit Schuhkartons recht gut. Zudem können kleine Kartons, Gegenstände und Spielzeug verschwinden und wieder auftauchen.

- Kleben Sie die Deckel mit dickem Klebeband fest, sodass sie sich nicht mehr öffnen lassen. Nun geht es darum, die Kartons im Ganzen als Bauelemente einzusetzen. Sie lassen sich als Turm übereinander stapeln. Die Kinder können sie aber auch nebeneinander stellen, z. B. als flache Mauer zur Begrenzung einer Puppenwohnung oder eines Tiergeheges.
- Zwischen mehreren Kartons fahren die Kinder mit ihren Rutschautos „Slalom" oder sie fahren einfach gegen eine Mauer aus mehreren Kartons und bauen sie dann wieder auf.

Budenzauber für Mini-Architekten

Alter: ab 2,5 Jahre
Anzahl: 2–4 Kinder
Ort: Bewegungsraum, Gruppenraum
Material: leere Waschmittelboxen, alte Polster von Sesseln und Sofas, Kissen, Schaumstoff, Styroporteile, Kisten, Kartons
für die Variation: 4 Hocker oder Stühle, 1 Gymnastikreifen, 3–4 Seile, lange Tücher (Tüll, Organza), Bettlaken

Spielideen:
Bauen Sie gemeinsam mit den Kindern aus den o. g. Materialien einen „Raum im Raum", indem Sie Inseln (z. B. aus Polstern und Kissen) gestalten oder eine Ecke abteilen (mit Kisten, Kartons).

So geht es auch:
Hängen Sie einen Gymnastikreifen mit 3–4 Seilen unter die Decke. Knoten Sie reihum lange Schals, Tücher oder Laken fest. Legen Sie die Tücher an 4 Seiten über Stühle oder Hocker, sodass der Innenraum eines Zeltes entsteht. Dieser Raum kann „bewohnt" und weiter ausgestaltet werden, z. B. mit Kissen, Fellen …

Auf Tuchfühlung mit Tüchern

Alter: ab 10 Monate
Anzahl: 2–4 Kinder
Ort: Gruppenraum (z. B. Teppich auf dem Boden)
Material: Tücher (Chiffontücher, Seidentücher, Organza, Stoffwindeln, Stoffreste aus Baumwolle …), Stofffarbe

Vorbereitung: Weiße Tücher und Stoffe können Sie mit Stofffarbe in der Waschmaschine in unterschiedlichen Farben einfärben. Darüber hinaus können ältere Kinder Tücher mit Stofffarbe und Korken bedrucken.

Spielideen:
- Babys mögen es, sich selbst oder Spielzeuge unter Tüchern verschwinden und wieder auftauchen zu lassen („Kuckuck-Spiel").
- Ältere Kinder verwenden Tücher zum Bauen und Gestalten: Vielleicht legen sie Tücher als Dach über einen Karton oder sie dienen ihnen in einem Karton als Bettdecke für eine Puppe. Möglicherweise werden sie als Straße für kleine Autos benutzt, als Teich für Boote oder als Weide für Holztiere …

Reste-Spiele aus der Sammelkiste

Reste und Abfälle sind weitgehend kostenlos, aber nicht wertlos. Ganz im Gegenteil. Hier finden kleine Kinder eine Fundgrube für Spielideen. Etwas ausprobieren, entdecken, erfinden, gestalten und vielleicht auch wieder zerstören und neu beginnen ist mit einfachen Materialien und Resten problemlos möglich. Im Zweifelsfalle landet alles wieder im Müll oder im Papierkorb. Das Ziel ist zunächst nicht so wichtig, der Weg umso mehr.

Dabei geht es nicht darum, Kinder einfach nur „machen zu lassen". Wer aufmerksam beobachtet, der erkennt, mit welchem Entwicklungsschritt oder Thema sich Kinder gerade beschäftigen. Bei Bedarf kann man dem Kind das passende Material herbeiholen, es durch Fragen und Hinweise unterstützen, ohne es in eine vorgegebene Richtung zu drängen.

Kreativer Spaß mit Pappröhren

Alter: ab 2,5 Jahre
Anzahl: 2–4 Kinder
Ort: Gruppenraum, Mini-Atelier
Material: Pappröhren von Toilettenpapier oder Haushaltsrolle, Fingerfarbe, Tapetenkleister oder Klebestift, Zeitungspapier
für die Variation: dünne Paketschnur, dicke Nadel, dicke Perle

Spielideen:
Die Kinder malen die Pappröhren kunterbunt mit Fingerfarbe an. Nach dem Trocknen gibt es verschiedene Möglichkeiten der Weiterverarbeitung:

- Die Kinder stellen die Röhren hintereinander bzw. nebeneinander auf den Tisch oder auf die Erde und spielen „kegeln", indem sie Murmeln oder kleine Bälle dagegen rollen.
- Die Kinder benutzen die Röhren als „Fernrohr", durch das sie die Umwelt mit einem Auge betrachten. Wer möchte, der klebt zwei Röhren zu einem „Fernglas" mit Kleister oder Klebestift zusammen. Nach dem Trocknen mit beiden Augen hindurchschauen.
- Papröhren können die Kinder auch zu Häusern aufstellen und ihnen ein Dach aus einer Muschel oder einem Bierdeckel geben …

So geht es auch:

Bohren Sie in 6–8 Pappröhren jeweils oben und unten ein Loch. Fädeln Sie mit einer dicken Nadel Band durch alle Röhren, sodass eine Art „Raupe" oder „Schlange" entsteht. Knoten sie zum Schluss eine dicke Perle an. So können die Kinder das Band besser festhalten und die „Schlange" beim Gehen hinter sich herziehen.

Werkeln und Spielen mit Holzresten

Alter: ab 2,5 bzw. 3 Jahre
Anzahl: 2–4 Kinder
Ort: alter Tisch oder Werkbank im Nebenraum, Außengelände
Material: sehr weiches bzw. mittelweiches Holz (z. B. Balser oder Fichte) in Form von kleinen Platten oder Vierkanthölzern (Reste im Holzhandel oder Baumarkt), dicke Nägel mit großem Kopf, leichte Hämmer, Filzplatten oder Teppichfliesen
für die Variation: Gummibänder

Vorbereitung: Verteilen Sie Filzplatten oder Teppichfliesen als Unterlagen. Schlagen Sie dicke Nägel (nur mit der Spitze) in eine Holzplatte oder in ein dickes Stück Holz. Geben Sie jedem Kind ein vorbereitetes Brett. Größere Platten befestigen Sie mit Schraubzwingen am Tischrand.

Spielideen:

Die Kinder können sich nun als „Handwerker" betätigen und mit einem kleinen Hammer auf die Nägel klopfen.

Vielen Kindern macht es sehr viel Spaß, einfach nur zu hämmern und zu klopfen. Wenn die Kinder genug Kraft und Geschick haben, gelingt es vielleicht, die Nägel weiter ins Holz hinein zu schlagen.

So geht es auch:

Ist Hämmern nicht mehr aktuell, kann aus den Nagelbrettern ein Kunstobjekt oder kleines Musikinstrument werden:
Bieten Sie den Kindern Gummibänder an, die sie zwischen den Nägeln spannen können. Durch Zupfen entstehen Töne.

Spielspaß mit Eierpaletten

Alter: ab 2,5 Jahre
Anzahl: 2–4 Kinder
Ort: Gruppenraum, Mini-Atelier
Material: Eierpaletten (im Supermarkt fragen), Fingerfarbe oder andere Farbe (z. B. flüssige Temperafarbe oder Kleisterfarbe, → S. 72), eventuell dicke Pinsel
für die Variation: kleine Eierkartons mit Deckel, langes Band

Spielideen:

- Die Kinder malen die Eierpalette(n) mit Farbe bunt an. Nach dem Trocknen können die Paletten als farbiges Bild-Relief an die Wand gehängt werden.
- Eine Variante: Die Kinder geben vor dem Aufhängen ein wenig Kleister in einzelne Vertiefungen der Palette und drücken Materialien (z. B. geknülltes Papier, Korken, Holzwolle, Kugeln …) hinein. Ist der Kleister getrocknet, haften die Materialien und geben im Bild an der Wand interessante Effekte.
- Die bemalten Paletten lassen sich auch als Spielzeug für die Feinmotorik auf unterschiedliche Weise verwenden; z. B. um in die Vertiefungen Bohnen, Nüsse, Kastanien oder kleine Bälle einzustecken und wieder hinauszunehmen.

So geht es auch:

Wählen Sie statt der großen Paletten kleine Eierkartons mit Deckel zum Auf- und Zuklappen, die – wie oben – von den Kindern mit Farbe bunt angemalt werden.

Lassen Sie in den Kartons kleine Spielzeuge verschwinden und wieder auftauchen oder geben Sie die Kartons als Spielzeug zum Hinterherziehen (Schiff, Auto …), indem Sie einfach ein langes Band anknoten.

Kleine Tiere oder Puppen können in oder auf die Kartons gesetzt und auf diese Weise befördert werden.

Gesammelte Naturschätze

Alter: ab 2,5 Jahre
Anzahl: 2–4 Kinder
Ort: Gruppenraum, Mini-Atelier
Material: gesammelte Naturmaterialien

Alle Kinder sammeln gern. Nehmen Sie auf Ihre Spaziergänge mit den Kindern immer auch Tüten, Taschen Rucksäcke ... mit, damit die Schätze wohlbehalten in der Einrichtung ankommen. Schön ist es, wenn sie dort auf ihre Funde jederzeit zurückgreifen und in ihr Spiel mit einbauen können.

Rindenboote

Material: Baumrinde, Knete oder Ton, Blätter, Stöckchen und Tannenzapfen

In ein Stück Rinde drücken die Kinder Ton oder weiche Knete und stecken anschließend Blätter, Stöckchen und Tannenzapfen hinein.

Blütenteppich

Material: Tapete, Kleister, gesammelte Blüten und Blätter

Ein großes Stück Tapete mit Kleister einstreichen. Die Kinder verteilen die auf einem Spaziergang gesammelten Blüten und Blätter auf dem Papier. Nach dem Trocknen als Gruppenbild für den Raum oder im Flur aufhängen.

Herbstliches Fädelspiel

Material: Blätter oder Kastanien, dicker Blumendraht

Vorbereitung: Wenn Sie Kastanien verwenden, vorher große Löcher hineinbohren.

Die Kinder erhalten ein Stück Blumendraht, auf das sie trockene Blätter fädeln. Die „Blättergirlande" kann an die Wand oder vor ein Fenster gehängt werden. Ebenso können Kastanien zu einer langen Kette oder Schlange aufgezogen werden. **Wichtig:** Der Draht sollte so dick sein, dass er sich während des Auffädelns nicht umbiegt.

Mini-Relief

Material: Deckel von Schachteln und Dosen, Gips, Naturmaterialien (Bucheckern, Eicheln, Kastanien, kleine Steine, Tannenzapfen, Muscheln ...)

Gips nach Anleitung anrühren und in Deckel von Schachteln und Dosen gießen. Die Kinder drücken Bucheckern, Eicheln, Kastanien, kleine Steine, Tannenzapfen oder Muscheln hinein. Nach dem Trocknen können Sie die Deckel als kleine Tastbilder im Raum aufhängen.

„Das ist der Daumen!"– Sprachspiele für Plappermäulchen

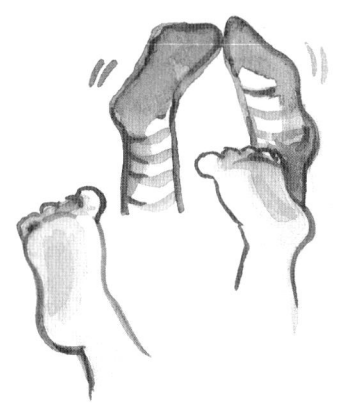

Ein Kind hat hundert Sprachen
Hundert Hände, hundert Gedanken
Hundert Weisen zu denken, zu spielen, zu sprechen
Hundert Weisen zu hören, zu staunen, zu lieben
Hundert Weisen zu singen
Hundert Freuden zu verstehen
Hundert Welten zu entdecken
Hundert Welten zu erfinden
Hundert Welten zu träumen
Ein Kind hat hundert Sprachen …

(LORIS MALAGUZZI, REGGIO EMILIA)

Sprache ist mehr als Sprechen. Sprache ist Kommunikation mit dem Ziel, anderen Menschen Mitteilungen zu machen und von ihnen verstanden zu werden. Insofern hat jedes Kind nicht nur eine, sondern vielleicht hundert Sprachen, weil es viele Mittel und Wege hat, sich auszudrücken. Neben der Welt der Worte gibt es die Sprache des Handelns, die Sprache der Erfahrung, die Sprache der Fantasie, die Sprache des Körpers, die Sprache der Gefühle.

Erwachsene sollten sich wirklich auf das Kind einlassen und neben Lauten, Silben, Wörtern und Sätzen auch seine Körpersprache, seine Gefühle und Bedürfnisse erfassen und einfühlsam darauf reagieren. Geben Sie den Kindern Zuwendung, Sicherheit, Urvertrauen. Nur sicher gebundene Kinder spielen und sprechen gern. Unsichere verstummen.

Man kann dem Kind die Sprache nicht „beibringen". Es braucht keinen „Sprachunterricht", um sprechen zu lernen, genauso wenig wie es „Laufunterricht" braucht, um sich im aufrechten Gang fortbewegen zu können. Es entdeckt und gebraucht selbstständig grammatikalische Regeln, ohne dass es Grammatik-Unterricht bekommt. Jedes Kind ist genetisch auf Sprache und Sprechlernen angelegt. Kinder saugen aus der Umgebung alles heraus, was sie an sprachlichen Anregungen bekommen können. Auf diese Weise hören sie sich in die rhythmischen Strukturen der Muttersprache ein.

Es ist jedoch nicht richtig zu glauben, dass Kinder nur einseitig die Erwachsenen beim Sprechenlernen nachahmen.

Die Münchener Psychobiologen Mechthild und Hanuš Papoušek beschreiben z. B., dass auch Eltern und ErzieherInnen ihrerseits die kindliche Lautbildung nachahmen. In der

Wiederholung der kindlichen Laute durch Erwachsene (meist mit hoher Stimmlage) und gleichzeitiger Verfeinerung bzw. leichter Abwandlung stimulieren Erwachsene das Kind zu weiteren Sprech-Versuchen. So werden Kinder immer wieder angeregt, ihre eigenen Laute mit denen der Bezugspersonen zu vergleichen und die eigenen Laute den (gehörten) Lauten der Erwachsenen anzugleichen.

Vom Lallen zum ersten Wort: Sprachentwicklung

Bereits sehr kleine Babys können differenziert Laute unterscheiden.

Beim Lallen experimentieren sie mit ihrer Stimme und der Atmung. Sie „erzählen" (Lallmonologe), wenn sie sich wohlfühlen, indem sie Vokale und Konsonanten bunt aneinanderreihen.

- Gegen **Ende des 1. Lebensjahres** erfassen Kinder ansatzweise, dass Wörter Symbole sind, die für Sachen, Menschen und Ereignisse stehen. Eigene Erfahrungen werden zu inneren Bildern, die dann zunehmend auch sprachlich ausgedrückt werden. Deshalb sind Handlungen und Erfahrungen mit Materialien so wichtig, denn so bilden sich innere Bilder, Vorstellungen und Begriffe. Sprache und Denken gehören dabei eng zusammen.

- **Im 2. Lebensjahr** verwenden Kinder nur wenige Wörter (Einwortsätze). Mit einem Wort werden Personen/Dinge, aber auch Wünsche, Bedürfnisse, Gefühle ausgedrückt („tut-tut" steht z. B. sowohl für einen PKW als auch für ein Feuerwehrauto oder einen Bus). Ab Mitte/Ende des zweiten Lebensjahres treten Zweiwortsätze auf („Hund da" = Dort drüben läuft ein Hund).

- **Im 3. Lebensjahr** bilden Kinder schon Mehrwortsätze mit drei und mehr Wörtern und dabei wenden sie schon grammatikalische Regeln an, selbst wenn sie oft noch nicht richtig gebraucht werden („Mama hat Essen gebringt.", „Jonas fertig schlaft"). Auch die Wortstellung weicht oft von der Sprache der Erwachsenen ab („Teddy gib mir!"…). Vereinfachungen, Wortneuschöpfungen und vorübergehende Unflüssigkeiten beim Sprechen können auftreten.

Sprache ist ein Werkzeug, mit dem kleine Kinder ebenso kreativ experimentieren sollten wie mit Fingerfarbe oder Bausteinen. Kinderworte wie „Da-da", „Ei-ei", „ga-ga" oder „wau-wau" werden oft abfällig als Babysprache abgetan, sogar gleich korrigiert. Übersehen wird das kreative Potential, das in solchen Experimenten steckt.

Weisen Sie (als ErzieherIn) Kinder bitte nicht direkt auf sprachliche Fehler hin. Besser ist es, das Gesagte zu erweitern und dabei vielleicht im Kontext zu verbessern bzw. zu ergänzen.

„Ga-ga", sagt das Kind, zeigt auf eine Ente. Die Erzieherin antwortet: „Stimmt, dort ist ja eine Ente. Die Ente schwimmt im Wasser."

Lassen Sie Kinder im Alltag „in Sprache baden". Lassen Sie Dinge anfassen und vielfältig ausprobieren, wobei Sie dies alles wieder mit Sprache begleiten. Erkennen Sie alltägliche Gruppensituationen als relevant für Sprachförderung (z. B. beim Anziehen, Frühstück, Spaziergang ...).

Reden Sie in vollständigen, grammatikalisch richtigen, kurzen Sätzen. Sprechen Sie langsam und deutlich. Kleine Kinder brauchen körperliche Nähe und Blickkontakt zum Erwachsenen. So können Sie ihrem „sprachlichen Vorbild" auf den Mund schauen, Lippenbewegungen beim Sprechen studieren und nachahmen.

Hören Sie den Kleinen mit viel Ruhe und Geduld zu, wenn sie etwas erzählen möchten. Kinder brauchen oft Zeit, bis sie die richtigen Worte gefunden und einen Satz über die Lippen gebracht haben.

Versuchen Sie nicht, die Gruppe zu übertönen, wenn der Geräuschpegel ansteigen sollte. Zuweilen ist es sinnvoller, gerade betont leise zu sprechen und vielleicht ein akustisches Signal (Spieluhr, Gong) einzusetzen, um die Aufmerksamkeit der Kinder zu wecken. So werden sie vielleicht leiser und hören wieder zu.

Gerade im Krippenalter ist das „Fenster" für sprachliche Inputs weit geöffnet. Nutzen Sie diese sensible Zeit, indem sie durch Laut-Spiele, Kniereiter, Fingerspiele, Handpuppen, Bilderbücher, erste „Als-ob-Spiele", Rollenspiele und Gespräche ein grundlegendes Gefühl für Sprache entwickeln helfen.

Alles ist Sprache: Hören und Verstehen im Alltag

Kleine Kinder sind darauf angewiesen, dass Erwachsene ihre Körpersprache verstehen (Gesichtsausdruck, Bewegungen, Laute ...), ihre Bedürfnisse und Stimmungen erfassen und sensibel darauf eingehen.

Auch Gefühle zu benennen, hilft dem Kind, sich verstanden zu fühlen („Jetzt hast du dich aber erschrocken ... Oder: „Ich sehe, du freust dich ... Oder: „Das hat aber weh getan. Zeig mal, wie das passiert ist ..."). Auf diese Weise lernen Kinder, sich selber auch einfühlsam anderen Menschen gegenüber zu verhalten. Darüber hinaus erleben sie, wie man selber Gefühle in Worten ausdrücken kann.

Versprachlichen Sie den Alltag, indem Sie unterschiedliche Dinge benennen, Tätigkeiten kommentieren und Eigenschaften beschreiben. (*Jetzt wische ich erst einmal den Tisch ab ... Der Tisch ist sauber.*")

Unterstützen Sie das, was Sie sagen, durch Gesten, Gebärden, Bilder.

Besonders wirkungsvoll für kleine Dialoge sind Situationen mit Blickkontakt und emotionaler Zuwendung, z. B. beim An- und Ausziehen oder bei Pflegetätigkeiten.

Wie im Spiegel: Zwiegespräche

Alter: ab Babyalter
Anzahl: 1 Kind
Ort: überall

Baby und Bezugsperson ahmen sich gegenseitig nach:
Vielleicht imitieren Sie das Lallen des Babys, seine ersten Worte und seinen Gesichtsausdruck.

Vielleicht übertreiben Sie noch ein wenig, indem Sie eine Grimasse schneiden und in deutlicher, hoher Stimmlage sprechen (tun die meisten Menschen intuitiv in der sog. „Ammensprache").

Wenn ein Baby z. B. „*da-da-da*" sagt, dann wiederholen Sie vielleicht: „*Da-da-da ... wo ist denn die Maren?*" Wenn Sie das Kind dazu ansehen und lächeln, bekommt es eine positive Antwort, fühlt sich wahrgenommen und bestätigt. Es wird vermutlich zu neuen Lauten angeregt.

Kinder, die schon Worte bilden, sagen z. B. „Auto" und Sie (als ErzieherIn) wiederholen „*Auto*", ergänzen aber: „*Ja, dort fährt ein Auto ... Das Auto fährt dort drüben auf der Straße.*"

Durch Wiederholung, Ergänzung/Variation geben sich Kind und Erwachsener gegenseitig Anregungen. Das Kind erkennt sein eigenes Verhalten im Gegenüber und dies gibt ihm Bestätigung. Durch nachahmendes Mitspielen des Erwachsenen entsteht eine wechselseitige, gefühlsmäßige Übereinstimmung.

Vielleicht kommen noch weitere Kinder dazu, die in Sprache und Spielhandlungen einbezogen werden.

Sprachspiele im Tageslauf

Alter: ab Babyalter (je nach Situation und Aufgabe)
Anzahl: ab 1 Kind (auch Kleingruppe)

Begrüßung und Abschied

Begrüßen Sie jedes Kind persönlich und nehmen Sie Bezug auf: *Guten Morgen ... Hast du gut geschlafen? ... Wie war dein Geburtstag? Was macht deine Oma? ... Ist euer Hund wieder gesund?*

An- und auskleiden

- In der Garderobe können Sie Kleidungsstücke benennen bzw. benennen lassen. *„Du hast ja eine neue Mütze. Die Mütze ist rot. Jetzt ziehen wir die Schuhe an. Erst rechts, dann links ... Jetzt kommt der Mantel."*
- Spielen Sie „Schuhberg" als Gruppenspiel. Alle Schuhe kommen auf einen Haufen. Wer findet seine Schuhe wieder?
- Auch „Versteigerung" ist beliebt: Sie haben eine Jacke anzubieten. Wem gehört sie? Und diese Mütze? Der Schal? Die Handschuhe?

Aufräumen und sortieren

Krippenkinder mögen es, Dinge zu sammeln und zu ordnen. Dabei wird verglichen und nach bestimmten Ordnungskriterien sortiert. Nicht nur ein Spaß, sondern auch ein Training für Denken, Sprache und grundlegende mathematischen Vorstellungen.

- Lassen Sie die Kinder beim Aufräumen helfen (*„Die großen Bälle kommen in den Korb, die kleinen in die Kiste,..."*)
- Auch Naturschätze, Geschirr, Besteck und Kleidung können sortiert werden. Hier lernt das Kind nicht nur Begriffe, sondern auch Eigenschaften kennen (groß, klein, viel, wenig, dick, dünn ...).

Helfer unterwegs

Spielerisch kleine Aufträge zu erledigen ist bei Kleinkindern beliebt: *„Hole mir einen roten Stift"* ... *„Bringe bitte den Teller in die Küche."* – Diese und ähnliche Bitten und Aufträge werden meist gern ausgeführt, selbst wenn es das eine oder andere Missgeschick gibt oder der Auftrag auf dem Weg zum Ziel schon wieder vergessen wurde.

Aufträge fördern Vorstellungsvermögen, Sprachverständnis Gedächtnis und Selbstständigkeit.

Mahlzeiten

Decken Sie mit einzelnen Kindern gemeinsam den Tisch.

Benennen Sie Geschirr, Besteck, Lebensmittel und Speisen.

Decken Sie den Tisch bewusst mal verkehrt, und lassen Sie die Kinder sagen, was fehlt oder was ganz und gar falsch steht.

Zeigen Sie Bilder von Lebensmitteln und basteln Sie eine „Speisekarte".

Waschen, wickeln, pflegen

Benennen Sie beim Wickeln Körperteile und Handlungen.

Nutzen Sie die Wickelzeit für ein Finger- oder Strampelspiel.

Die emotionale Nähe bietet gute Gelegenheit für Blickkontakt, Körpererfahrung und Sprache.

Spiele und Projekte

- Durch Funktions- und Experimentierspiele macht das Kind lebendige Erfahrungen.
- Beim Anfassen, Untersuchen, Probieren … werden die Sinne angesprochen. Benennen Sie das, was das Kind tut: *„Der Ball rollt",… „Der Turm fällt um",… "Die Schublade geht auf und zu"…*
- Spielen Sie das „Bitte-Danke-Spiel", indem Sie sich vom Kind Dinge reichen lassen und sie dann wechselseitig hin und her geben. Lassen Sie Gegenstände verschwinden, suchen, wieder auftauchen und benennen Sie diese dabei.

Spaziergang

Betrachten Sie die Welt beim Spaziergang durch die Augen eines Kindes. Nehmen Sie sich Zeit, an der Baustelle stehen zu bleiben oder den Käfer auf dem Blatt zu betrachten. Tauchen Sie die Umwelt in Sprache, indem Sie auf die rote Ampel hinweisen oder auf den Bus, der um die Ecke biegt.

Lassen Sie (ungiftige) Naturschätze anfassen und sammeln (Steine, Blätter …).

Sprechen Sie in der Gruppe über Erlebnisse, die Sie gemeinsam hatten. *(„Weißt du noch, wie wir die Ziege im Streichelzoo gefüttert haben?")*

Laute, Silben Wörter: Mit Atmung und Stimme spielen

Durch Saugen, Schlucken, Weinen, Lachen, Lecken, Kauen und Lallen trainieren schon Babys ihre Sprechwerkzeuge. Dabei sind Mundmuskeln, Lippen, Zunge, Rachen, Nasenraum, Kehlkopf und Gaumen beteiligt, ebenso die Atmung. Nur wenn der Atemstrom (Ausatmung) kräftig genug ist, kann das Kind Stimme und Sprache entwickeln. Durch Puste- und Lautbildungs-Spiele können Sie die Freude an Stimm- und Sprachexperimenten aufgreifen.

Tierstimmen

Alter: ab 1,5 Jahre
Anzahl: 2–4 Kinder (auch Kleingruppe)
Ort: Gruppenraum
Material: Tiere aus Stoff oder Holz (z. B. Hund, Katze, Frosch, Ente, Schlange, Löwe, Vogel, Kuh, Schaf, Esel, Ziege), kleine Kiste
für die Variation: Bilderbuch, Memory, Katalog oder Poster mit Tierabbildungen

Spielideen:

- Alle Tiere liegen in einer Kiste. Nacheinander heben Sie eines in die Luft und fordern die Kinder auf, mit der Stimme den passenden Tierlaut zu machen. So ertönt ein „wau-wau",… „miau", „quak", „piep" oder „määäh". Während Katze und Hund recht einfach sind, ist der Laut der Schlange („Zzzzzzz") schon schwieriger. Die Kinder erzeugen die Laute, Silben, Töne nach ihrem Entwicklungsstand und ihren individuellen Möglichkeiten.
- Nun gehen Sie den umgekehrten Weg: Machen Sie selbst einen Tierlaut (z. B. „i-ah") und fordern Sie die Kinder auf, das passende Tier zu suchen.
- Bei älteren Kindern können Sie auch mal „Nonsense" machen und zum Spaß den Frosch bellen lassen oder den Esel quaken. Wer weiß, wie es richtig geht?

So geht es auch:

Statt der Spielzeugtiere nehmen Sie Abbildungen von Tieren (Bilderbuch, Memory …).

Sieh mal an, was der Mund so alles kann

Alter: ab 2,5 Jahre
Anzahl: Kleingruppe
Ort: Gruppenraum

Spielideen:
„Schaut mal an,
was der Mund so alles kann!"
Zeigen Sie auf Ihren Mund.

Setzen Sie das Spiel fort, indem Sie z. B. sagen:
„Der Mund kann pusten!"
Pusten Sie gegen die Hand oder in ein Glas. Fordern Sie die Kinder auf, dies auch einmal zu probieren.

Weiter geht es mit:
„Der Mund kann gähnen."
(... essen, ... schmatzen, ... die Zunge zeigen, ... mit den Zähnen klappern, ... rufen/ schreien, ... lachen, ... weinen, ... küssen,... singen ...)
Zum Schluss können Sie gemeinsam ein Lied singen.

Verstärker

Alter: ab 2 Jahre
Anzahl: 2–4 Kinder (auch Kleingruppe)
Ort: Gruppenraum, Bewegungsraum
Material: Pappröhren, Becher, Dosen, Trichter, Heulrohre (eventuell Tücher)

Spielideen:
Durch Pappröhren, Becher und Dosen können die Kinder ihre Stimme verstärken und den Klang verändern.

- Die Kinder rufen zunächst einmal so richtig laut in die Röhren und Gefäße hinein und probieren ihre Stimme aus.
- Vielleicht fragen Sie in einem nächsten Schritt:
  Wie macht der Wind? (huuuu, huuuu)
  Wie macht das Auto? (brummmm)
  Wie mach das Polizeiauto (Feuerwehrauto)? (tatü-tata)
- Natürlich ist auch der umgekehrte Weg möglich. Sie erzeugen ein Geräusch, lassen die Kinder raten, was das sein könnte, und fordern sie dann auf, das Geräusch nachzumachen, indem sie in die Röhren und Gefäße hinein brummen und tuten.
- Auch Namen-Rufen ist beliebt. Zeigen Sie auf ein Kind und lassen sie die übrigen den Namen des Kindes durch „die Röhre" rufen.

Fingerspiele, Kniereiter Bewegungs-Lieder, und Geschichten

Schon seit jeher sind Fingerspiele und Kniereiter klassische Kleinkinder-Spiele. Sie verbinden rhythmische Sprache in Versform mit einfachen, bildhaften Bewegungen. Obwohl die Texte und Themen aus der Erlebniswelt der Kinder stammen sollten, kommt es nicht darauf an, dass jedes Wort von ihnen gleich verstanden wird. Vieles prägt sich über Bewegung und Wiederholung ein und bereichert auf diese Weise die sich entwickelnde Sprache. Darüber hinaus machen solche Spiele einfach Spaß und werden oft zu „Dauerbrennern", die immer wiederholt und von den Kindern nach einer Weile regelrecht eingefordert werden. Schnell sind die Kinder in der Lage, einzelne Wörter, Sätze oder auch den gesamten Text mitzusprechen.

Kniereiter & Co

Alter: ab 10 Monate
Anzahl: ab 1 Kind (zum Teil auch als Gruppenspiel geeignet)
Material: *(für die Variation)* dicke Matten, Kissen, Bälle oder Stühle
Ort: Gruppenraum, Bewegungsraum

Hoppe, hoppe Reiter (überliefert)

Hoppe, hoppe Reiter,
wenn er fällt, dann schreit er.
Fällt er in das feuchte Gras,
wird er ganz schön nass.
Fällt er in den Sumpf,
macht es ganz laut „plumps"!

Ein kleines Kind reitet auf Ihrem Schoß, indem Sie Ihre Beine im Rhythmus der Sprache bewegen. Bei „plumps" lassen Sie das Kind zur Seite oder nach hinten fallen (natürlich mit Festhalten!).

So geht es auch:
Kinder ab 2 Jahren sitzen auf dicken Matten, Kissen, Bällen oder auf Stühlen. Bei „plumps" lassen sie sich nach vorn auf die Erde oder zur Seite fallen.

So reiten die Damen (überliefert)

So reiten die Damen.
So reiten die Herren.
So reitet der Bauer.

Das Kind sitzt auf Ihrem Schoß. Bewegen Sie das Kind erst ganz langsam, dann ein wenig schneller und schließlich ganz wild und ungestüm.

Matrosen

Alter: ab Babyalter
Anzahl: 1 Kind (in der Variation auch als Gruppenspiel)
Ort: Wickeltisch, Kuschelecke, Sitzkreis

Fünf Leichtmatrosen
in kurzen Hosen
gehen über Bord:

Der erste springt ins Wasser.
Der zweite springt ins Wasser.
Der dritte springt ins Wasser.
Der vierte springt ins Wasser.
Der fünfte springt ins Wasser.

Fünf Leichtmatrosen
in kurzen Hosen
schwimmen zurück an Bord:

Der erste schwimmt zurück,
der zweite schwimmt zurück,
der dritte schwimmt zurück,
der vierte schwimmt zurück,
der fünfte schwimmt zurück.

Jetzt sitzen sie wieder an Bord
und wollen nie wieder fort.

Streichen Sie mit der flachen Hand über die Handfläche des Kindes.

Springen die Matrosen ins Wasser, bewegen Sie entsprechend nacheinander die Finger, vom Daumen bis zum kleinen Finger.

Streichen Sie wieder mit der flachen Hand über die Handfläche des Kindes.

Schwimmen die Matrosen zurück, bewegen Sie wieder die Finger wie oben beschrieben.

Zum Schluss streichen sie noch einmal über die Handfläche des Kindes.

So geht es auch:

- Statt der Hände können Sie auch die Füße und Zehen antippen und streicheln.
- Bei älteren Kindern spielen Sie das Spiel als Gruppenspiel, wobei die Kinder selbst ihre Finger/Zehen zum Text bewegen.

Schlüsseltanz

Alter: ab 1,5 Jahre
Anzahl: 2–4 Kinder
Ort: Gruppenraum, Sitzkreis
Material: Schlüsselbund
für die Variation: Rasseln, Glockenhandschuhe

Hei, wie ist die Welt so schön,
wenn die Schlüssel tanzen gehen.

Tanzen hin und tanzen her,
tanzen ist ja gar nicht schwer.

Tanzen laut und tanzen leise,
tanzen fröhlich rund im Kreise.

Springen munter auf und ab.
Tanzen lustig klapp-klapp-klapp.

Klappern Sie mit einem Schlüsselbund. Entsprechend zum Text bewegen Sie die Schlüssel hin und her, lassen sie mal laut, mal leise klappern, bewegen sie im Kreis herum, werfen sie in die Luft und lassen sie auf dem Boden landen.

Zum Schluss können die Kinder die Schlüssel selbst in die Hand nehmen, sie betasten, untersuchen, damit klappern.

So geht es auch:

Die Kinder bewegen ihre Finger (Rasseln, Glockenhandschuhe ...) zum Text.

Zehn kleine Spatzen

Alter: ab 1,5 Jahre
Anzahl: 2–4 Kinder (auch Kleingruppe)
Ort: Gruppenraum, Sitzkreis

Zehn kleine Spatzen
sitzen auf dem Dach.

Zehn kleine Spatzen
machen ganz schon Krach.

Klatscht der Bauer „husch, husch, husch",
fliegen sie zum nächsten Busch.

Fliegen einmal rund ums Feld,
fliegen weiter in die Welt.

Die Finger werden auf dem Kopf wie Spatzenschnäbel bewegt. Dann wird geklatscht. Die Finger fliegen zur Seite, anschließend im Kreis herum und am Ende weit nach oben Richtung Decke.

Karussellspiele

Alter: ab 2 Jahre
Anzahl: Kleingruppe
Ort: Gruppenraum, Bewegungsraum, Freigelände
Material: 1 Gymnastikreifen oder altes Bettlaken (in Streifen geschnitten)
Alternativ: Terrabänder, Tücher oder Seilchen

Spielideen:

- Die Kinder fassen sich bei den Händen und gehen zu dem Lied im Kreis herum.
- Lustig ist es auch, wenn sich jeweils zwei Kinder gegenüber stehen und das Ende eines Bandes oder Seilchens halten. Bei mehreren Kinderpaaren entsteht eine Art „Netz". Sind die Bänder straff gespannt, so können sich alle im Kreis wie ein „Karussell" auf der Kreislinie vorwärts bewegen.
- Wenn das Spiel mit wenigen Kindern gespielt wird, so können sich alle mit einer Hand an einem Gymnastikreifen festhalten und rundherum im Kreis gehen.
- Und schließlich funktioniert das Spiel auch mit einem Erwachsenen und einem Kind: das Kind einfach von hinten unter den Armen fassen, hochheben und sich selbst mit dem Kind im Kreis drehen.

Melodie: Alle meine Entchen

Alle Kinder fahren
auf dem Karussell,
auf dem Karussell.
Erst dreht es sich langsam,
dann dreht es sich schnell.

Alle Kinder fliegen
wie ein Wirbelwind,
wie ein Wirbelwind.
Rundherum im Kreise
schwebt nun jedes Kind.

Dann erklingt die Glocke,
das Fahren ist jetzt aus,
das Fahren ist jetzt aus.
Das Karussell wird langsam ...
(bleibt stehen)...
und alle steigen aus ...

Die Kinder bewegen sich vorwärts auf der Kreislinie – erst langsam, dann immer schneller.
Sie können jetzt mit einer Glocke läuten oder auch „kling, kling" rufen. Nun gehen die Kinder wieder langsam, bleiben stehen und treten aus dem Kreis heraus.

Der Zauberer

Alter: ab 2,5 Jahre
Anzahl: Kleingruppe
Ort: Gruppenraum, Sitzkreis
Material: eventuell Stock und Tücher

Fidibus, der Zauberer,
trägt einen spitzen Hut.
   Mit beiden Händen einen Hut auf dem
   Kopf zeigen.
Da leuchten Silbersterne drauf,
der steht ihm wirklich gut.
Er hat spitze Glitzerschuh
und schrecklich lange Beine.
   Auf Schuhe/Beine zeigen, Füße auf und ab
   bewegen.
Im Schrank, da liegt sein Zauberstock,
der tanzt sogar alleine.
   Stock in der Luft hin und her bewegen.
Kaum sagt er „Pokus-Fidibus",
da flattert eine Eule.
   Beide Arme ausbreiten und „flattern".

Und klatscht er zweimal in die Hand,
fliegt weg sie mit Geheule.
   In die Hände klatschen und Arme heben.
Kaum sagt er „Aba-kada-bum,"
schon fallen Regentropfen.
   Durch Trommeln mit Fingern „Regen"
   andeuten.
Und hebt er dann den Zauberstock,
beginnt es laut zu klopfen
   Stock heben und laut klopfen.
Kaum winkt er mit dem Zaubertuch,
   Mit beiden Armen winken.
da blitzt es, ach du Schreck!
   Dann Arme über den Kopf legen, sich
   nach vorn beugen und „verstecken".
Und ruft er dann „Auf wiederseh'n!",
dann ist er plötzlich weg.
   („weg zaubern").

So geht es auch:
Jedes Kind erhält ein Zaubertuch, unter dem
es sich am Schluss selbst verstecken kann.

Die kleine Katze entdeckt die Stadt
(Geschichte mit Bewegung)

Alter: ab 2,5 Jahre
Anzahl: Kleingruppe
Ort: Bewegungsraum
Material: Gymnastikreifen (nach Anzahl der Kinder), 1 Gymnastikbank (ersatzweise Tische), 1 Ball

Vorbereitung: Verteilen Sie die Reifen im Raum und stellen Sie eine Gymnastikbank (bzw. mehrere Tische) auf.

Erzählen Sie folgende Geschichte:

Die Katze liegt in ihrem Haus (vor ihrem Haus) und schläft.
Jedes Kind legt sich **in** einen Gymnastikreifen hinein bzw. **vor** dem Reifen auf den Boden.
Die Sonne geht auf und die Katze wird wach. Sie reckt und streckt sich, steht auf, läuft aus dem Haus heraus.
Fordern Sie die Kinder auf, sich zu recken, aufzustehen und dann durch den Raum zu laufen oder auf „allen Vieren" zu krabbeln. (evtl. vormachen)

Die Katze läuft durch die ganze Stadt, um viele Häuser herum.
Alle laufen (krabbeln) **um** die Reifen herum bzw. zwischen ihnen hindurch.
Sie springt (kriecht) durch ein Tor hindurch.
Nehmen Sie einen Reifen in die Hand und halten Sie ihn so, dass die Kinder **durch** krabbeln können.
Dann läuft (schleicht) sie mit ihren weichen Pfoten über eine lange Brücke.
Die Kinder krabbeln auf „allen Vieren" **über** eine Gymnastikbank.
Kurz darauf rutscht sie auf dem Bauch unter der Brücke durch.
Alle versuchen **unter** der Bank durchzukommen.
Dann klettert sie auf die Brücke und springt wieder runter.
Alle steigen **auf** die Bank und springen **runter.**
Die Katze bekommt Hunger. Sie sieht eine Maus, läuft ganz schnell hinter der Maus her.
Rollen Sie einen Ball durch den Raum. Wer fängt ihn (die „Maus")?
Nun ist die Katze müde geworden. Sie geht in ihr Haus zurück (oder legt sich vor die Tür) und schläft ein.
Zum Schluss legen sich alle **in** oder **vor** den Reifen.
„Gute Nacht, Katze!

Fingerpuppen: Erzählspaß für Krabbelfinger

Handpuppen sind ein vielseitiges Hilfsmittel, um Kinder anzusprechen und sie in kleine Dialoge „zu verwickeln".

ErzieherInnen agieren einerseits als „Vorspieler", indem sie eine kleine Szene aus dem Alltag der Kinder oder aus einem Bilderbuch mit der Puppe darstellen. Andererseits sollen die Kinder auch selbst aktiv werden, indem sie mit der Puppe sprechen bzw. sich selber Fingerpuppen oder andere kleine Puppen auf Finger und Hände setzen und damit spielen.

Handpuppen wecken Aufmerksamkeit, Konzentration und Vorstellungsvermögen. Sie bereichern den Sprachschatz, überbrücken Hemmungen, „streicheln die Seele", wenn Kinder missgelaunt und unglücklich sind. Darüber hinaus bringen sie – auch bei kleinen Festen und Geburtstagen – jede Menge Spaß.

Das gefräßige Krokodil

Alter: ab 1,5 Jahre
Anzahl: 2–4 Kinder (auch Kleingruppe)
Ort: Gruppenraum (z. B. Kuschelecke)
Material: 1 dicker Socken (z. B. aus Frottee), 1 paar große Perlen, Knöpfe oder Tieraugen, Nähzeug, Lebensmittel aus dem Kaufladen oder Kastanien, Bohnen …

Vorbereitung: Nähen Sie Augen (s. o.) auf den Socken.
Ziehen Sie den Socken locker über Ihre Hand und stülpen Sie die Spitze nach innen.

Es war einmal ein Krokodil.
Das lag im Sand und sprach nicht viel.
Sein Hunger, der war riesengroß.
Es fraß am liebsten einen Kloß.

Es fraß auch gerne (einen Apfel,...
Banane, ...Keks usw.)
Am Ende war es satt.
Es schmatzte laut,
war breit und platt.
Es rief: „Wie ist das fein,
jetzt schlaf ich in der Sonne ein!"

Öffnen und schließen Sie die Finger wie ein Tiermaul.
Füttern Sie das Krokodil mit einem kleinen Ball (Kloß).
Die Kinder „füttern" das Krokodil mit den genannten Lebensmitteln aus dem Kaufladen oder mit Kastanien, Bohnen o. Ä.
Das Krokodil schmatzt laut und schläft am Ende ein.
Wer möchte es zudecken?

So geht es auch:

Nutzen Sie die Spielsituation, um mit den Kindern in ein Gespräch zu kommen. So kann das Krokodil von Kind zu Kind gehen, sich kraulen und streicheln lassen.
Einige Kinder sprechen das Krokodil vielleicht an und es „antwortet". Vielleicht möchte auch einmal ein Kind das Krokodil auf die Hand nehmen und die anderen Kinder damit ansprechen.

Kleiner Eisbär

Alter: ab 2 Jahre
Anzahl: 2–4 Kinder (auch Kleingruppe)
Ort: Gruppenraum (z. B. Kuschelecke) , Wickeltisch, Schlafbereich
Material: braunes und weißes Tonpapier, Stift, Zirkel, Schere, Tuch
für die Variation: 1 brauner und ein weißer Waschhandschuh, Bindfaden, für die Augen: Klebepunkte, Perlen oder fertig gekaufte Tieraugen.

Vorbereitung: Zeichnen Sie erst auf weißes, dann auf braunes Tonpapier mit einem Zirkel jeweils einen großen Kreis (Bauch) und genau darüber einen kleinen Kreis (Kopf). Der Kopf bekommt halbrunde Bärenohren. Malen Sie mit einem Stift ein paar Augen mitten auf den Kopf. Schneiden Sie beide Figuren aus. In den Bauch schneiden Sie weit

unten zwei Löcher für die Finger des Puppenspielers.

Spielideen:

Stülpen Sie auf die eine Hand den weißen, auf die andere den braunen Bären, indem Sie Zeige- und Mittelfinger durch die Öffnungen führen. Ältere Kinder können die Bärenfiguren selbst führen.

Ein kleiner Eisbär sitzt im Zoo.
Er hockt allein, ist gar nicht froh.
Doch eines Tages – welch ein Glück –
da kommt ein Braunbär angerückt.
Der kleine Eisbär ist verzückt,
er brummt ganz laut vor Bärenglück.

Eisbär und Braunbär spielen Verstecken,
Eisbär und Braunbär tollen und necken.
Eisbär und Braunbär
schwimmen gemeinsam,
nun ist keiner mehr so einsam.
Und im großen Bärenhaus,
ruhen sich die beiden aus.
Schlafen dort in süßer Ruh,
sei ganz still und hör ihnen zu!
(Chhhhhhhh)

Zuerst tritt der weiße Bär auf, anschließend der braune. Lassen Sie den weißen Bären vor Begeisterung brummen. Nun bewegen Sie die Figuren hin und her, auf und ab. Am Ende verschwinden die Bären unter einem Tuch und schnarchen. Die Kinder versuchen, die Geräusche mitzumachen.

Zum Schluss wecken die Kinder die schlafenden Bären mit lauten Rufen wieder auf.

Hinweis: Kommen Sie nach dem Spiel mit den Kindern ins Gespräch. So fragen die Bären die Kinder z. B. nach ihren Namen oder danach, was sie gerne spielen oder essen. Die Kinder wiederum richten Fragen an die Bären oder geben ihnen Aufgaben (tanzen, spielen, verstecken …).

So geht es auch:

Gestalten Sie aus einem braunen und einem weißen Waschhandschuh zwei Puppen. Binden Sie mit Bindfaden rechts und links oben jeweils eine Ecke ab (Bärenohren). Als Augen nehmen Sie zwei Klebepunkte, Perlen oder fertig gekaufte Tieraugen. Setzen Sie auf eine Hand den Braunbären, auf die andere den Eisbären.

Bilder, Bücher und Geschichten

Kinder mögen Bilderbücher und kleine Geschichten. Die ersten Bücher zeigen meist nur einen Gegenstand (z. B. Apfel, Tasse, Hund, Blume …). Später kommen Szenen hinzu, (auf dem Spielplatz, Bauernhof, in der Küche …), auch begleitet von kurzen Textpassagen. Beim Betrachten von Büchern geht es immer um einen Dialog zwischen Kind und Erwachsenen, nicht um stures Abfragen des Kindes („Was ist das?"). Wenn der Erwachsene zu den Büchern erzählt, so darf der Wortschatz dem Verständnis des Kindes ein wenig vorauseilen. So wird das Kind zum Nachdenken angeregt, fühlt sich ernst genommen und gefordert. Erzählen Sie lebhaft, staunen, stellen Fragen, lassen eigene Erlebnisse einfließen.

Erzieherin: *„Ach, der Bauarbeiter trinkt ja Kaffee … und das bei der Arbeit."*
Kind: *„…macht Pause."…* Erzieherin: *„Stimmt. Der Bauarbeiter macht Pause."*
Kind: *„Bagger macht großes Loch."* ErzieherIn: *„Ja, das Loch ist groß und tief."* Kind: *„Laster steht da."* ErzieherIn: *„Der Laster steht vor dem Loch. Dahinter steht der Bagger. Siehst du, was der Bagger macht?"…*

Bitte beachten: Die Themen und Bilder, die Sie auswählen, müssen nicht im engeren Sinne „kindlich" sein. Bilder aus Natur und Umwelt (Tiere, Pflanzen, Arbeitswelt, Verkehr, Haushalt …), selbst abstrakte Bilder von KünstlerInnen fordern kleine Kinder zum Betrachten und Entdecken auf.

(s. a. *Inspiration für Themen* → S. 70)

Bilderwürfel und -kästchen

Alter: ab 1,5 Jahre
Anzahl: 2–4 Kinder
Ort: Gruppenraum
Material: mehrere Würfel aus Styropor (Bastelgeschäft), Zeitschriften/ Prospekte, Alleskleber und/oder Kleister, Schere
für die Variation:
8–10 Streichholzschachteln

Vorbereitung: Schneiden Sie Bilder aus Zeitschriften aus. Ältere Kinder können helfen. Ideal ist es, wenn Sie jeweils 6 Bilder unter einem Oberbegriff auswählen, z.B. „Spielzeug"(Auto, Puppe, Ball, Eimer mit Schippe, Ente, Schiff …). Kleben Sie auf jede Seite des Würfels ein Bild.
Sie können auch ein wenig Kleister oben drüber streichen. So hat jedes Bild nach dem Trocknen eine Schutzschicht.

Spielideen:

- Bei kleinen Kindern beginnen Sie mit einem einzelnen Würfel. Fordern Sie die Kinder auf, den Würfel immer wieder umzudrehen. Vielleicht sagen die Kinder spontan die Namen der Gegenstände auf der jeweiligen Seite des Würfels.
Später nehmen Sie einen neuen Würfel mit anderen Begriffen.
- Mit zweijährigen Kindern können Sie schon mehrere Würfel nebeneinander zu einer kleinen Handlung oder Geschichte legen.
Lassen Sie die Kinder frei erzählen. Die Würfel können immer wieder umgelegt werden, sodass die Erzählung neue Varianten bekommt. (Kind: *„… Hund frisst die Wurst … Frau kommt,… schimpft … Da ist ein Haus."* Erzieherin: *„Könnte es sein, dass der Hund in das Haus läuft?* Kind: *„Der Hund hat Angst."…* Erzieherin: *„Weil er die Wurst gefressen hat?"* Kind: *„Der Hund versteckt sich."*

So geht es auch:

Legen Sie in 8–10 Streichholzschachteln je ein kleines Bild (z.B. Ball, Katze, Haus …) und schließen Sie die Schachtel wieder. Dann heißt es: Schachtel öffnen, Bild benennen (z.B. „Katze") und wieder schließen.
Später lassen Sie mehrer Schachteln geöffnet liegen.
Aus den Bildern „Katze", „Haus", „Kind", „Milch" können Sie schon eine Mini-Geschichte erfinden.
Hinweis: Der Vorteil der Schachteln liegt darin, dass Sie immer wieder wechselnde Bilder (eventuell auch kleine Gegenstände) einlegen können. Betrachten Sie das Spiel nicht als didaktisches „Sprachtraining". Die Kinder sollen nicht abgefragt, sondern zu spontaner Wortbildung angeregt werden.

Spielgeschichten

Alter: ab 2,5 Jahre
Anzahl: Kleingruppe
Ort: Kuschelecke, Leseecke,
Schlafbereich

Bitte beachten: Veranschaulichen Sie die kurzen Spielgeschichten. Am besten, Sie zeigen den Kindern vor oder während des Erzählens Figuren oder Gegenstände, die im Text vorkommen. Die folgenden kurzen Geschichten sind nur Anregungen. Gehen Sie auf die Reaktionen und Zurufe der Kinder ein.
Verändern Sie den Text je nach Sprachverständnis der Kinder und der spontanen Spielsituation.

Teddy soll schlafen

Material: Teddy, Schuhkarton oder Puppenbett, Kissen/Decke, 1 Tasse, ein paar Spielsachen (z.B. Auto, Ente, Bausteine, Ball)

Vorbereitung: Verteilen Sie um das Bett (Karton) herum einige Spielsachen und stellen Sie etwas abseits davon eine Tasse bereit.

„Teddy, du musst jetzt schlafen!", ruft die Mutter.
Teddy fühlt sich aber gar nicht müde. Er möchte lieber spielen. „Teddy, es ist spät!", ruft die Mutter.
„Ja, ja", antwortet Teddy. Er klettert in sein Bett und deckt sich zu. „Schlafen macht kei-

nen Spaß", sagt Teddy ganz laut. „Ich stehe noch mal auf." Er geht in die Küche und trinkt eine Tasse Milch. Dann geht er zurück in sein Zimmer.
Da entdeckt er auf der Erde seine Spielsachen: ein Auto, eine Ente, einen Ball, Bausteine ...

(Frage an die Kinder: „Was hat Teddy noch für Spielsachen?")

„Brumm, brumm", macht Teddy und fährt mit einem Auto im Kreis herum. Dann nimmt er die Ente und setzt sie in das Auto. Die Bausteine und den roten Ball legt er dazu. „Brumm, brumm", macht Teddy wieder. Inzwischen ist er so müde geworden, dass ihm die Augen zufallen.
„Teddy, bist du noch wach?", ruft die Mutter. Aber Teddy hört sie schon nicht mehr. Er liegt auf der Erde inmitten seiner Spielsachen, schläft tief und fest.
Die Mutter kommt ins Zimmer und lächelt. Ganz vorsichtig nimmt sie Teddy hoch, legt ihn ins Bett und deckt ihn zu.
„Gute Nacht!", sagt die Mutter ganz leise. Sie macht das Licht aus und die Tür zu.

Spielideen:

Während des Erzählens halten Sie den Teddy auf Ihrem Schoß, legen ihn dann ins Bett, lassen ihn zur Küche (Tasse) und zurück ins Spielzimmer laufen, mit dem Spielzeug spielen usw.
Natürlich können auch die Kinder den Teddy zur Handlung bewegen. Auf diese Weise sind sie selbst in die Geschichte einbezogen, möchten vielleicht noch weitere Ideen entwickeln.

Die kleine Arche Noah

Material: Holztiere oder Stofftiere, flache Kiste, Holzbrett
Hinweis: Gestalten Sie die Geschichte nach den Tieren, die Sie in der Gruppe zur Verfügung haben.

Vorbereitung: Stellen Sie Tiere in einem Korb bereit. Daneben legen Sie die Kiste auf den Boden. Das Holzbrett kommt als Rampe auf den Kistenrand.

Im Hafen liegt ein großes Schiff. Das Schiff heißt „Arche".
Das Schiff ist so groß, dass viele Tiere mitfahren können.
Zuerst steigt ein Bär ein …
Dann eine Katze …
Gleich danach ein Hund (Schwein, Kuh, Schaf usw.)
Nun ist das Schiff voller Tiere und kann losfahren.
Das Schiff fährt über das Wasser.
Plötzlich regnet es. Das Schiff steigt mit dem Wasser höher und immer höher und landet am Ende auf einem Berg.
Der Regen hat aufgehört, die Sonne scheint, das Wasser sinkt.
Die Tiere steigen wieder aus.
Zuerst steigt der Bär aus, dann die Katze usw.
Alle Tiere laufen nach Hause …

Spielideen:
Die Kinder lassen die Tiere nacheinander über die Rampe einsteigen. Wenn das Schiff voll ist, wird die Rampe weg gelegt und die Fahrt geht los. Das Schiff wird über den Boden geschoben, und dann (wenn der Regen kommt) steigt es höher und höher und landet schließlich auf einem Stuhl (Berg). Die Rampe wird wieder angelegt und alle Tiere steigen aus bzw. rutschen hinunter.
Regen Sie die Kinder dazu an, die Namen der Tiere zu nennen bzw. zu erzählen, wo die Tiere wohnen, was sie fressen, wo sie solchen Tieren schon einmal begegnet sind. Überlassen Sie den Kindern die Tiere zum weiteren freien Spiel!

Erste Rollen- und Umweltspiele

Schon kleine Kinder schlüpfen gern in Rollen, indem sie Erwachsene und andere Kinder nachahmen. Sie sehen, wie die Erwachsenen Essen zubereiten, Hausarbeit verrichten, einkaufen und sie schauen anderen Kindern bei ihren Spielen zu. All diese Vorbilder regen sie dazu an, die beobachteten Verhaltensweisen auf ihre Weise nachzuspielen („Als-ob-Spiele"). Bei kleinen Kindern gibt es noch keine deutliche Abgrenzung zwischen einzelnen Spielformen – z. B. zwischen Bewegungs-, Bau- und Rollenspielen. Alles wird flexibel und multifunktional verwendet. Feste Rollen (Verkäufer – Kunde, Vater – Mutter – Kind, Arzt – Patient …) und entsprechende Dialoge sind bei Krippenkindern meist nur in Ansätzen zu beobachten. Viel interessanter für sie ist es, zu bauen, zu räumen, zu hantieren.

Die Kinder geben die Spielideen durch ihr Tun selber vor. ErzieherInnen beobachten und begleiten, stellen passendes Material zur Verfügung, geben Zuspruch.

Wenn Erwachsene mitspielen, so richten sie ihr eigenes Spielverhalten nach den Vorschlägen der Kinder aus.

Während die Kinder in ihrem Spiel kochen, waschen, reparieren oder einkaufen, ergeben sich spontane Kontakte von Kind zu Kind, wobei die Kommunikation über Worte zunächst weniger bedeutsam ist als die Verständigung über Handlungen und Körpersprache. So entstehen über Rollenspiele kleine Spielszenen, die mehrere Kinder einbeziehen.

Bitte beachten: Bei kleinen Kindern sind flexible, multifunktionale Raumlösungen wichtig. Eine „neutrale" Ecke im Gruppenraum, ausgestattet mit unterschiedlichen Kisten, niedrigen Regalen und allerlei Material, kann die Basis für erste Rollenspiele sein. Aus der Ecke kann eine Küche werden, aber auch ein Kaufladen oder später vielleicht eine Werkstatt.

Rund um Küche und Haus

Alter: ab 1,5 Jahre
Anzahl: 2–4 Kinder
Ort: eine Ecke im Gruppenraum (am besten mit Hockern, Kisten, Kartons, Tüchern … abteilen)
Material: Karton, ausrangierte Küchengeräte (alte Kochtöpfe, Schüsseln, Teigrolle, Sieb, Kochlöffel, Schneebesen, Teigschaber, Knoblauchpresse, Nussknacker, Campinggeschirr, alte Kaffeemühle …), „Kochgut" (Kastanien, Nüsse, Bohnen, Erbsen, Linsen, ungekochte Nudeln …)

Spielideen:

- Geben Sie den Kindern Erbsen, Bohnen, Linsen, Nudeln, Kastanien, Nüsse in verschiedenen Gefäßen. Dazu kleine Schaufeln, Löffel, Kellen zum Umfüllen in Schüsseln und Töpfe.
  Viele Kinder begnügen sich erst damit, zu schaufeln und umzufüllen. Andere arrangieren schon Spielhandlungen: Da wird z. B. Essen für die Puppen gekocht, die dann anschließend gefüttert werden.
- Wenn die Kinder von sich aus Interesse am Kochen-Spielen zeigen, dann bauen Sie einen „Herd" aus einer Kiste oder einem Karton.
  Kinder lieben es, an Knöpfen und Schaltern zu spielen. Stecken Sie deshalb Rundhölzer ein oder schrauben Sie Knöpfe von alten Schränken an. So können die Kinder die „Herdplatten" (eventuell aufmalen) im Spiel an- und ausschalten und ihre „Suppe" auf dem Spielherd kochen.
- Häufig benennen die Kinder schon das, was sie tun („Nudeln kochen", „Pizza für Teddy" …). Je nach Alter und Entwicklung regen sich die Kinder gegenseitig sprachlich an. Erwachsene können behutsam unterstützen, indem sie Begriffe nennen, Tätigkeiten und Eigenschaften beschreiben (Die Suppe ist *heiß* … Die Kinder haben *Hunger* … Zum Rühren braucht der Koch einen *Löffel* … Nach dem Essen sind alle *satt*).

Bitte beachten: Kleine Kinder helfen gern. Geben Sie den Kindern Kehrschaufel und Besen, Eimer und Lappen. Auch ein Staubsauger fasziniert.
Im Gartenbereich sind Schubkarren und einfache Gartengeräte beliebt. Die Übergänge zwischen Spiel und „Helfer-Dienst" in der Gruppe sind fließend. Reale Gegenstände, die auch Erwachsene benutzen, faszinieren oft viel mehr als Mini-Teile aus der Spielzeugwelt.

Puppen und Spieltiere

Alter: ab 1,5 Jahre
Anzahl: 2–4 Kinder
Ort: Gruppenraum oder Sanitärbereich
Material: Puppen, Puppenkleidung, Plastikschüssel, Flüssigseife, Wäscheständer, Klammern, Pappkartons ... (auch Arztkoffer, Spieltiere usw.), weitere Materialien je nach Spielideen (s. u.)!

Spielideen:

- Puppen werden in Schüsseln, Waschbecken/-Waschrinnen (Sanitärbereich) gebadet. Dazu gibt es Flüssigseife.
- Puppen werden ausgezogen, gewickelt, gefüttert, wieder neu angezogen, gekämmt usw.
- Nennen Sie dabei Körperteile und Kleidungsstücke (*„Erst kommt der Arm, dann das Bein, ... Die Puppe zieht eine Hose, eine Bluse, eine Jacke an ...“*)
- Große Wäsche in der „Waschmaschine“: Dazu in einen Pappkarton mit der Schere eine kreisrunde Öffnung schneiden und von den Kindern Puppenwäsche und Tücher, Lappen etc. einfüllen lassen. Schalter und Knöpfe werden durch Rundhölzer, Dübel etc. angedeutet, sodass die Maschine ein- und wieder ausgeschaltet werden kann.

- Nach dem „Waschen“ werden Kleidungsstücke ausgeräumt, sortiert und benannt. Natürlich kann Wäsche auch in Waschbecken mit realem Wasser gewaschen werden. Das Aufhängen der Wäsche auf einem Wäscheständer, vielleicht mit Klammern, macht Spaß und fördert die Feinmotorik.
- Eine Puppe feiert Geburtstag. Der Tisch wird gedeckt, ihre Lieblingsspeise gekocht, ein Geschenk eingewickelt.
- Eine Puppe verreist. Was nimmt sie mit? Die Kinder tragen Gegenstände herbei und packen sie in einen Koffer. (Spielsachen, Kleidung benennen ...)
- Ein Spielplatz für Puppen und Tiere wird gebaut: Ein flacher Pappkarton ist vielleicht der Sandkasten, ein langes Brett die Rutsche, eine Schüssel das Karussell. In einem Tuch werden die Puppen geschaukelt (passende Verben verwenden: rutschen, schaukeln, drehen, spielen ...).
- Das sog. „Kleine-Welt-Spielzeug“ mit Tier- und Menschenfiguren aus Holz regt dazu an, eine eigene Spielwelt zu bauen. Spieltiere bekommen z. B. einen Stall (Pappkarton) oder ein Gehege und werden mit Kastanien, Nüssen, Bohnen ... gefüttert.
- Eine Puppe/ein Stofftier ist krank. Was tut ihm weh? Für die Puppe wird ein Bett gebaut. Wenn ein Arztkoffer in der Gruppe ist, so wird die Puppe/das Tier abgehört, bekommt vielleicht eine Spritze, einen Verband ...

Tipps für weitere Umweltspiele

Kaufladen: Bauen Sie mit den Kindern aus Hockern, Tischen, Kisten/Kartons einen Kaufladen. Dazu: Eine alte Kasse, stabile Waage mit Gewichten, Körbe, leere Schachteln. Als „Ware": Muscheln, Kastanien, Nüsse, Bohnen, Nudeln in durchsichtigen Gefäßen. Nachbildungen von Lebensmitteln …

Werkstatt: Große Spielautos, Bobbycars etc. werden mit Eimer und Wasser „gewaschen", mit Werkzeug „repariert", „betankt", beladen …

Transportspiele: Wannen, Kartons, Rollbretter, Container werden zu Auto, Schiff oder Eisenbahn. Das Beladen (z. B. mit Bausteinen), schieben/ziehen, ausladen … begleitet von Geräuschen („brumm, brumm",… „tüt-tüt"…) verbindet Bewegung, Raumerfahrung, Bauen und Rollenspiel, fördert gemeinsame Handlungen, Spiel-Partnerschaften und einfache sprachliche Kontakte.

Technik: Alte technische Geräte, z. B. Computer-Tastatur, Schreibmaschine, Kassettenrecorder, Telefon, Wecker, Kaffeemühle …können ausprobiert und in kleine Rollenspiele einbezogen werden.

Verkleiden: Tücher, Hüte, Modeschmuck, Handtaschen, Kleidungsstücke werden in einer Kiste oder Truhe aufgehoben. Auch hier ergeben sich erste Rollenspiele und kleine Dialoge. Ein großer Spiegel zum Betrachten unterstützt die Selbstwahrnehmung.

Was ist denn das?
Spiele für
den Wortschatz

Der beste Lehrmeister für die Sprache ist der Alltag selbst, in dem Kinder Sprache hören, sprachliche Muster erkennen und in den unterschiedlichsten Situationen selber anwenden.

Die ganz Kleinen brauchen (noch) keine isolierte Sprachförderung, sie werden durch Wahrnehmungsspiele, die alle Sinne einbeziehen, in ihrer sprachlichen Kompetenz gefördert.

Darüber hinaus finden sie es meist spannend, kleine Aufgaben und Rätsel zu lösen und Überraschungen zu erleben.

Die nachfolgenden Spiele verbinden Spielfreude und sprachliche Anregungen.

Bitte auspacken!

Auspacken macht den meisten Kindern einfach Spaß. Das Spiel fördert darüber hinaus Konzentration, Tastsinn, Feinmotorik, Begriffsbildung und Wortschatz.

Alter: ab 1,5 Jahre
Anzahl: Kleingruppe
Ort: Gruppenraum, Sitzkreis
Material: diverse Gegenstände (je nach aktuellem Spielthema), Zeitungspapier
für die Variation: Dose/Kiste

Vorbereitung: Packen Sie mehrere Gegenstände jeweils in Zeitungspapier oder Tücher ein und legen Sie diese in die Kreismitte.

Spielideen:

Wie bei einem Geburtstagsgeschenk, das ausgepackt werden soll, steigt jetzt die Spannung. Viele eingewickelte Teile liegen auf der Erde. *„Da ist etwas für Maren!"*

Überreichen Sie dem Kind, das genannt wurde, das eingewickelte Teil zum Auspacken. Vorher darf aber gefühlt werden. Vielleicht kann das eine oder andere Kind schon durch Tasten den Inhalt erraten. Wenn nicht, geht es gleich ans Auspacken. *„Was ist denn das?"* Vielleicht antwortet Maren selbst oder ein anderes Kind oder auch die Gruppe. Kommen sie über das bloße Benennen hinaus, indem Sie den Gegenstand befühlen und beschreiben lassen. Wo kommt er her? Was kann man damit machen? Dann wird das nächste Teil überreicht, getastet, ausgepackt und benannt ...

So geht es auch:

- Legen Sie jeweils einen Gegenstand unter eine ausreichend große Dose oder Kiste und verfahren Sie weiter, wie oben beschrieben.
- Sie können auch einen Gegenstand mehrfach einpacken, z. B. erst in Papier, dann in eine Dose und zum Schluss in einen Karton.

Was fehlt? – Was ist anders?

Alter: ab 2,5 Jahre
Anzahl: Kleingruppe
Ort: Gruppenraum (z. B. auf dem Boden im Kreis)
Material: 1 Tablett und diverse Gegenstände (z. B. Puppe, Ente, Apfel, Auto, Bilderbuch, Tasche ...)

Spielideen:

Legen Sie erst vier, später sechs, acht (höchstens zehn) Gegenstände auf ein Tablett. Die Kinder betrachten die Gegenstände aufmerksam. Dann schließen alle die Augen oder drehen sich um. Nehmen Sie nun einen Gegenstand weg. Die Kinder öffnen wieder die Augen bzw. drehen sich zurück. Nun sollen sie den Gegenstand benennen, der weggenommen wurde. Haben die Kinder die Frage

richtig beantwortet, so wird der versteckte Gegenstand wieder zurück auf das Tablett gelegt. Nun kann das Ratespiel mit einem anderen Gegenstand erneut beginnen.

So geht es auch:

Verändern Sie etwas an sich oder an einem anderen Kind. So haben Sie z. B. plötzlich einen Hut auf oder ein Kind einen Schal um ...

Was gehört zusammen?

Alter: ab 2,5 Jahre
Anzahl: Kleingruppe
Ort: Gruppenraum, Bewegungsraum
Material: 1 Korb/Kiste, jeweils paarweise: zwei Socken, zwei Schuhe, Handschuhe, Lätzchen, Bausteine, Tassen, Muscheln, Bälle ... usw.
für die Variation: Gymnastikreifen, Seile o. Ä.

Spielideen:

Legen Sie alle Paare durcheinander auf den Boden.
Nun nehmen Sie einen Gegenstand vom Boden auf und halten ihn hoch, z. B. einen Ball. Fordern sie die Kinder auf, den zweiten Ball zu suchen, zu holen und beide Bälle in den Korb/die Kiste zu legen. So geht das Spiel weiter, bis sich alle Paare gefunden haben und zusammen in der Kiste liegen.

So geht es auch:

Jedes Paar wird in einen eigenen Gymnastikreifen auf den Boden gelegt.

Quickfinder – Planungshilfen

So finden Sie schnell das passende Spiel für Ihr Anliegen:

- Unter dem Stichwort **„Alter"** finden Sie Spiele für 0–1-jährige, 1–2-jährige und 2–3-jährige Kinder. Diese Altersangaben sind allgemeine Erfahrungswerte und spiegeln natürlich nicht exakt den individuellen Entwicklungsstand des einzelnen Kindes wider. So sind im Einzelfall Altersabweichungen nach oben oder unten möglich.
- Bei **„Ort"** finden Sie Hinweise auf räumliche Bedingungen (Gruppenraum, Bewegungsraum, Mini-Atelier usw. …), die für die einzelnen Spiele empfohlen werden.
- Unter **Material** können Sie Spiele mit Hilfe der Materialangaben entwickeln. Je nachdem, welches Material Sie

in der Praxis gerade zur Verfügung haben, können Sie auswählen (z. B. zwischen „Naturmaterial", „Alltags- und Haushaltsgegenständen", „Kissen, Polstern, Matten" usw.) und werden so zum passenden Spiel-Titel geleitet.

Kombinieren Sie die Such-Kriterien untereinander!!!

Auf diese Weise erhalten Sie Hilfen, welche Anregung Sie vielleicht für ein etwa zweijähriges Kind mit Farben und Stiften im Mini-Atelier ausprobieren oder wie sie z. B. mit einem Einjährigen mithilfe von Kissen und Polstern im Bewegungsraum ein Krabbelspiel aufbauen können.

Alter: ab 0–12 Monate

Titel des Spiels	Seite	Ort	Material	Bedürfnis/Situation
Ab durch den Tunnel	21	Gruppenraum, Bewegungsraum	Große Pappkartons	Für Krabbel-Kinder
Auf Tuchfühlung mit Tüchern	86	Gruppenraum	Tücher	Gut zum „Kuckuck-Spiel" mit Babys
Ballsack	19	Gruppenraum	Wasserbälle, Luftballons, Kissenbezug	Gleichgewichts-Spiel
Bewegungsverse fürs Gleichgewicht	47	Gruppenraum, Bewegungsraum		Regt an – fördert Beziehung zur Bezugsperson
Bretter/schräge Ebenen	24	Gruppen- o. Bewegungsraum	Brett, Polster/Kissen	Für Kinder, die schon geschickt krabbeln
Fingerfarbe aus Mehl	71	Gruppenraum, Mini-Atelier	Mehl, Wasser	Für erstes Matschen (kann auch mal in den Mund wandern)
Flaschenpost	55	Gruppenraum	Durchsichtige Kunststofflaschen (Erbsen, Murmeln …)	Verbindet Tasten und Sehen/beobachten
Hindernis-Krabbeln	22	Bewegungsraum	Kartons, Kisten, Polster	Für Kinder, die schon geschickt krabbeln
Kniereiter und CO	99	Gruppenraum		Beruhigt oder regt an – fördert Beziehung zur Bezugsperson
Krabbelrollen	20	Gruppen- o. Bewegungsraum	weiche Turn-Matten …	Für Kinder, die schon geschickt krabbeln
Krabbelnester	23	Gruppenraum	Körbchen o. Wannen	Auch zum Kuscheln
Locker vom Hocker	27	Gruppenraum	Hocker	Zum Hochziehen und Spielen
Massagesprüche	53	Wickeltisch o. Ruhebereich		Zur Entspannung
Matrosen	100	Wickeltisch o. Gruppenraum		Streichelspiel und/oder Fingerspiel
Mit den Augen verfolgen: Mobiles	55	Wickeltisch o. Gruppenraum	Ast vom Baum (Bänder, Federn)	Lädt zur Beobachtung ein, beruhigt
Polsterparty	22	Gruppen- o. Bewegungsraum	Kissen, Polster	Für Kinder, die schon geschickt krabbeln
Rad fahren	18	Wickeltisch o. Gruppenraum	Weiche Matte	Fördert Strampeln
Rasselorchester	60	Gruppen- o. Bewegungsraum	Rasselinstrumente	Gut zum Singen und Bewegen
Ringe, Schnüre, Rasseln	37	Gruppenraum	Holzringe, Glöckchen, Band	Ausdauernde Beschäftigung für Babys Greifversuche
Spieglein, Spieglein	57	Gruppenraum	Spiegel o. Spiegelfliesen	Fördert die Selbstwahrnehmung
Sprachspiele im Tagesablauf	95	überall		Alltägliche Situationen (z. B. wickeln, anziehen) für Dialoge mit den Kindern nutzen
Strampelspaß	17	Wickeltisch	Tuch, Glöckchenband	Fördert Bewegung und Kontakt zum Kind

Titel des Spiels	Seite	Ort	Material	Bedürfnis/Situation
Schaukelspaß	43	Bewegungsraum	Decke o. Wäschekorb	Zur Beruhigung
Tastbox	50	Gruppenraum	Socken o. Gefriertüten (Bohnen, Kastanien, Watte …)	Wenn Babys zu greifen beginnen
Tastkissen	48	Ruhebereich	Weiche Kissen (Knöpfe, Perlen, Fell,… Nähzeug)	Zum Fühlen – auch für den Ruhe- u. Schlafbereich
Tom Teddy	47	Gruppenraum		Kniereiter- oder Bewegungsspiel
Wickeltischmassage	52	Wickeltisch	Feder, Tuch, weiche Bürste …	Zur Beruhigung
Wi-Wa-Wasserball	18	Wickeltisch o. Gruppenraum	Wasserbälle, Paketschnur	Zur Beruhigung, fürs Gleichgewicht
Wie im Spiegel: Zwiegespräche	94	überall		Wichtig für die Bindung zwischen Kind und Bezugsperson

Alter: 1–2 Jahre

Titel des Spiels	Seite	Ort	Material	Bedürfnis/Situation
Baby-Bongos	60	Gruppenraum, Bewegungsraum	leere Dosen Boxen	Zur Begleitung von Liedern/ Sprüchen
Bad aus Papier	81	Gruppen- o. Bewegungsraum	Altpapier, Wanne	Erlebnisspiel für alle, die gern Papier fetzen
Balancierstraßen	44	Bewegungsraum	Kisten u. ä.	Fördert den Gleichgewichtssinn
Ballrutschen	36	Bewegungsraum	Brett, Kasten, Bälle	Gut für Ausdauer/ Konzentration
Becher, Dosen, Schachteln	84	Gruppenraum	Kaffe- o. Vorratsdosen (Bohnen, Nüsse …)	Für konzentrierte, feinmotorische Beschäftigung
Bitte auspacken	116	Gruppenraum	Spielzeug, Zeitungspapier	Eingepacktes auswickeln und benennen – auch als Geburtstagsspiel
Bitte sortieren	39	Gruppenraum	Leere Kaffeedosen, kleine Bälle o. Bausteine	Für Formerfassung, Augen-Hand-Koordination
Bilderwürfel/-Kästen	109	Gruppenraum	Styroporwürfel Streichholzschachteln	Spiel zum Sehen und Benennen
Creme- und Schaumspaß	80	Sanitärbereich / Freigelände	Badeschaum o. Rasierschaum	Für Kinder, die gerne schmieren oder sich selbst bemalen
Das gefräßige Krokodil	105	Gruppenraum o. Ruhebereich	Dicker Socken	Spielvers – regt zum Zuhören und sprechen an
Deckel auf, Deckel zu	37	Gruppenraum	Kunststofflaschen/ Dosen	Für Kinder, die gern Deckel / Schraubverschlüsse öffnen
Einfüllen, umfüllen, ausleeren	79	Sanitärbereich/ Freigelände	Becher, Kellen, Schüsseln	Wenn Kinder gerne mit Wasser plantschen
Erste Podeste/ Stufen	31	Gruppen- o. Bewegungsraum	Paletten, Teppichbodenreste	Wenn Kinder anfangen zu klettern

Titel des Spiels	Seite	Ort	Material	Bedürfnis/Situation
Farbenzauber	56	Gruppenraum	Schuhkartons, farbiges Transparentpapier	Lässt Kinder beobachten und staunen
Gestalten mit Kleisterfarbe	72	Gruppenraum o. Mini-Atelier	Tapetenkleister, Fingerfarbe	Lässt sich gut verstreichen. Ideal zum Spuren Hinterlassen
Gestalten mit Stiften	74	Gruppenraum o. Mini-Atelier	Weiche Wachsmaler, Kreiden, Stifte	Für erste Kritzelversuche
Goldgräber	50	Gruppenraum	Wanne mit Altpapier (Gegenstände zum Verstecken)	Auch gut als Geburtstagspiel geeignet
Klingende Ballons	58	Gruppen- o. Bewegungsraum	Luftballons (Reis, Erbsen ...)	Fesselt die Aufmerksamkeit- gut für Kinder, die Bewegung brauchen
Komm mal rüber!	27	Bewegungsraum	Turnmatten, Gymnastikreifen	Für Kinder, die schon sicher gehen (laufen)
Mini-Werkbank	38	Gruppenraum	Schuhkartons, Holzschrauben Rundhölzer	Für alle, die gerne tüfteln
Pinzette oder Zange	40	Gruppenraum	Kleine Kostproben von Nahrungsmitteln	Für Kinder, die mit Daumen u. Zeigefinger Dinge greifen
Puppen und Spieltiere	114	Gruppenraum	Puppen, Stofftiere, „Kleine-Welt-Spielzeug"	Für „Als-ob"- und Rollenspiele
Rassel-Instrumente	59	Gruppen- o. Bewegungsraum	Glöckchen, Reis Erbsen o.Ä. Deckel, Astgabel, Milchtüten o.Ä.	Zur Begleitung von Liedern, Sprüchen
Rauf auf die Leiter	31	Gruppen- o. Bewegungsraum	Trittleiter, Matten/ Polster	Wenn Kinder anfangen zu klettern
Riesentücher	46	Bewegungsraum	Mehrere Bettlaken o. Decken	Fördert Raum-Lage-Orientierung
Rund um Küche und Haus	113	Gruppenraum	Küchengeräte /Kochgut	Wenn Kinder erste „Als-ob-Spiele" /Rollenspiele spielen
Sandkisten -Wannen	78	Gruppenraum o. Freigelände	Kiste mit feinem Sand	Auch für Regentage im Gruppenraum
Schlüsseltanz	101	Gruppenraum	Schlüsselbund (auch Rasseln oder Glockenhandschuh)	Verbindung von Spiel und Geräuschen
Spiele mit Klettband	38	Gruppenraum	Klettband, Dosen	Kniffeliges für die Feinmotorik
Steckspiel	39	Gruppenraum	Schuhkarton, Rundholz (Perlen, Ringe, Bierdeckel)	Für die Feinmotorik
Tastbad	49	Gruppen – o. Bewegungsraum	Wanne, Planschbecken o. Kiste – (Kastanien, Bohnen o. ä.)	Für Kinder, die taktile Berührungsreize am ganzen Körper mögen
Tasthaus	51	Gruppen- o. Bewegungsraum	Umzugskarton (versch. Stoffe, Profiltapete, Wellpappe ...)	Fordert zum Tasten und bewegen heraus, kann länger im Raum stehen bleiben
Tierstimmen	97	Gruppenraum	Spieltiere	Tiernachahmung fördert Lautbildung

Titel des Spiels	Seite	Ort	Material	Bedürfnis/Situation
Überraschungskisten	56	Gruppenraum	Durchsichtige Konfektschachteln	Verbindet Tasten und Sehen
Wackeltisch	46	Gruppen- o. Bewegungsraum	Großer, alter Tisch, Rundstäbe o. Tennisbälle	Für den Gleichgewichtssinn u. zur Beruhigung
Wer fängt die Maus	75	Gruppenraum	Tapete, weiche Stifte	Kritzelspiel mit Vers
Wolkenteig	76	Gruppenraum o. Mini-Atelier	Mehl, Wasser, Öl	Butterweicher Teig für erste Knetversuche
Zehn kleine Spatzen	101	Gruppenraum o. Wickeltisch		Fingerspiel
Zuckerkreide	74	Gruppenraum o. Mini-Atelier	Farbige Schulkreide, Zucker	Weiche Kreiden, ideal für die Kleinsten

Alter: 2–3 Jahre

Titel des Spiels	Seite	Ort	Material	Bedürfnis/Situation
Ab ins Tor	35	Bewegungsraum / Freigelände	2 Wäschekörbe, kleine Bälle	Für Kinder, die schon zielsicher Bälle werfen /schießen
Abdrücke aller Art	73	Gruppenraum o. Mini-Atelier	Fingerfarbe	Spuren hinterlassen – mit Gegenständen
Auto fahren	29	Bewegungsraum / Freigelände	Obstkisten	Zur Bewegung und Raumorientierung
Äste, Stämme und mehr	85	Gruppenraum	Gesägte Stücke von Ästen (auch Kastanien, Steine ...)	Auf Spaziergang mit den Kindern sammeln
Balancieren, springen	33	Bewegungsraum o. Freigelände	Turnbank o. Kisten mit Holzbrett,	Für Kinder, die gern balancieren und abspringen
Bauen mit Schuhkartons	85	Gruppenraum	Schuhkartons	„Mini-Baustelle" im Raum
Bewegung zur Musik	62	Gruppen- o. Bewegungsraum	Einfache Instrumente o. Bewegungsmusik (CD)	Fesselt die Aufmerksamkeit. Regt zur Bewegung an
Bienenduft	67	Gruppenraum	Teebeutel mit Kindertee o. Duftsäckchen	Kombiniertes Riech- und Bewegungsspiel
Blütenteppich	90	Gruppenraum o. Mini-Atelier	Tapete, Kleister, Blüten/ Blätter	Auf Spaziergang mit den Kindern sammeln
Budenzauber für Mini-Architekten	86	Gruppen- o. Bewegungsraum	Kisten, Polster, Kartons	Kann man mit „Bewegungsbaustelle" kombinieren
Der Zauberer	103	Gruppenraum o. Ruhebereich	Stock und Tuch	Fingerspiel zum Zaubern und verstecken
Die kleine Katze entdeckt die Stadt	104	Gruppen- o. Bewegungsraum	Gymnastikreifen, Turnbank, Ball	Spielgeschichte mit Bewegung
Erste Collagen	83	Gruppenraum o. Mini-Atelier	Kataloge, Kleister	Für Feinmotorik und Kreativität
Ein Sack Flöhe	28	Bewegungsraum	Großes Tuch	Bewegung/Raumerfahrung

Titel des Spiels	Seite	Ort	Material	Bedürfnis/Situation
Flaschen Kegeln	36	Bewegungsraum/ Freigelände	Kunststoff-Flaschen, Ball	Wenn Kinder schon Zielwurf beherrschen
Gesammelte Naturschätze	90	Gruppenraum	Kastanien, Blätter …	Gute Beschäftigung für Spaziergänge
Herbstliches Fädelspiel	90	Gruppenraum o. Mini-Atelier	Blätter, Kastanien, Blumendraht	Fördert die Feinmotorik
Hören und raten	61	Gruppenraum	Wecker, Schlüssel, Glocke, Trommel	Weckt Aufmerksamkeit
Hundenase	66	Gruppenraum	Lebensmittel, die duften	Kann man (abgewandelt) auch vor/ zum Frühstück spielen
Krabbelzirkus	25	Bewegungsraum	Reifen, Kartons, Kästen, Bretter	„Bewegungs-Event" für eine größere Gruppe
Karussellspiele	102	Bewegungsraum/ Freigelände	Gymnastikreifen oder Bänder	Verbindung von Spiellied und Bewegung
Kleine Tonwerkstatt für Minis	77	Gruppenraum o. Mini-Atelier	Ton	Für Kinder, die gern matschen/ formen m. Ausdauer und Kreativität
Kleiner Eisbär	106	Wickeltisch o. Ruhebereich	Bärenfiguren aus Tonpapier	Regen zum Zuhören und Sprechen an
Kleistersand	78	Mini-Atelier o. Freigelände	Tapetenkleister, Sand	Für Kinder, die gern matschen
Kreativer Spaß mit Pappröhren	87	Gruppenraum o. Mini-Atelier	Pappröhren	Verbindung von Gestalten und Spiel
Küchentennis	35	Bewegungsraum / Freigelände	Küchensiebe, Bälle	Für Kinder, die Bälle treffen/ schlagen können
Mini-Relief	90	Gruppenraum o. Mini-Atelier	Deckel von Dosen, Gips, Naturmaterialien	Auf Spaziergang mit den Kindern sammeln
Rindenboote	90	Gruppenraum oder Mini-Atelier	Baumrinde	Kann man auf Spaziergang sammeln
Schmecklotto	65	Gruppenraum	Bierdeckel, Fotos von Lebens- mitteln, Schmeckproben	Schmecken und zuordnen
Schmeckturm	64	Gruppenraum	Vorratsdosen, Schmeckproben von Lebensmitteln	Für Kinder, die Lebensmittel am Geschmack erkennen
Schneeballschlacht und Flockenzauber	82	Gruppen- o. Bewegungsraum	Seiden- o. Zeitungspapier	Gut zum „Austoben"
Schnipselspaß	82	Gruppenraum o. Mini-Atelier	Papierschnipsel, Kleister	Feinmotorische „Geduldsübung"
Sieh mal an, was der Mund … kann	98	Gruppenraum		Fördert Mundmotorik und Lautbildung
Spaß mit Papiertüten	83	Gruppenraum o. Mini-Atelier	Einkaufstüten aus Papier	Vielseitig einzusetzen, auch als Spiel
Spielgeschichten	110	Gruppenraum oder Ruhebereich	Teddy u. a. Spieltiere	Ersten Geschichten folgen, die z. T. dargestellt werden

Titel des Spiels	Seite	Ort	Material	Bedürfnis/Situation
Spielspaß mit Eierpaletten	89	Gruppenraum o. Mini-Atelier	Eierpaletten, Fingerfarbe	Kreativer Spaß, auch als Spielzeug oder Raumdekoration
Verstärker	98	Gruppen- o. Bewegungsraum	Pappröhren	Geräuschemachen mit der Stimme – mit Bewegung
Versuchsküche	64	Gruppenraum o. Küche	Lebensmittel (z. B. für Obstsalat o. Quarkspeise)	Für Kinder, die gerne helfen (rühren, schneiden)
Was fehlt – was ist anders?	117	Gruppenraum	Tablett mit Gegenständen	Fördert aufmerksames Beobachten und Sprache
Was gehört zusammen?	117	Gruppenraum	Paarweise Gegenstände	Zuordnen macht Spaß
Werkeln mit Holzresten	88	Mini-Atelier o. Freigeländer	Weiches Holz (Balser, Fichte), Nagel, Hammer	Für alle, die sich gern als „Handwerker" betätigen
Wie Tiere hüpfen	32	Gruppen- o. Bewegungsraum	Gymnastikreifen, Kreide	Gut für unruhige Gruppe

Anhang

Literaturverzeichnis

Allgemeine Grundlagen

Frühkindliche Bildung allgemein

Schäfer, G. E. (Hrsg.): Bildung beginnt mit der Geburt., Beltz Verlag 2005

Gopnik, A., Kuhl, P. u. a.: Forschergeist in Windeln, Piper-Verlag 2005

Becker-Stoll u. a.: Handbuch Kinder in den ersten 3 Lebensjahren – Theorie und Praxis für die Tagesbetreuung, Herder-Verlag 2009

Entwicklungspsychologische Grundlagen

Kasten, Hartmut: 0–3 Jahre – Entwicklungspsychologische Grundlagen, Beltz-Verlag 2007

Stern, D.: Die Lebenserfahrung des Säuglings, Klett-Cotta 2003

Entwicklungszentrierter Ansatz in der Krippe

Weber, Christine (Hrsg): Spielen und Lernen mit 0–3-Jährigen – Der entwicklungszentrierte Ansatz in der Krippe, Cornelsen-Verlag 2009

Eingewöhnung in die Krippe

Laewen, H.-J., Andres, B.: Die ersten Tage – Ein Modell zur Eingewöhnung in Krippe und Tagespflege, Beltz-Verlag 2003

Beobachtung der Kinder

Bostelmann, Antje (Hrg.): Das Portfolio-Konzept für die Krippe – Verlag an der Ruhr 2008

Raumgestaltung

Angelika von der Beek: Bildungsräume für Kinder von Null bis Drei – Verlag Das Netz 2008

Zu den Förder-Schwerpunkten

Bewegung

Pikler, E. u. a.: Lasst mir Zeit – Die selbständige Bewegungsentwicklung des Kindes bis zum freien Gehen, Pflaum Verlag 2001

Herm, S.: Psychomotorische Spiele für Kinder in Krippen und Kindergärten – Beltz-Verlag 2006

Sinne

Zimmer, R.: Handbuch der Sinneswahrnehmung, Herder-Verlag 2009

Spiel und Kreativität

Winnicott, D. W.: Vom Spiel zur Kreativität, Klett-Cotta 2006

Sommer, B.: Tausendfüßler – Kreativität in Krippe und Kindergarten, Cornelsen-Verlag 2007

Sprache

Bruner, J.: Wie das Kind sprechen lernt, Hans Huber-Verlag 2008

Die Autorin / Die Illustratorin

Brigitte Wilmes-Mielenhausen
Erzieherin (langjährige Tätigkeit im Kindergarten), Dipl. Pädagogin
(u. a. 12 Jahre Fachbereichsleiterin an einer Familienbildungsstätte –
dort zuständig für die Fachbereiche Ehe und Familie (Geburtsvorberei-
tung, Eltern-Kind-Gruppen, Bewegungsanregungen für Säuglinge
(PEKiP) – Konzeption einer Gruppenarbeit mit Kindern von 0–3
Jahren), Musik und kreative Bildung, Fortbildung von ErzieherInnen
Heilpraktikerin für Psychotherapie (Gesprächstherapie, Entspannungsverfahren)
Zusatzausbildungen (-Studien): Zusatzstudium „Erwachsenenbildung" (Gesamthochschule)
Zusatzstudium „Spiel- und Theaterpädagogik" sowie „Sprecherziehung" (Fachhochschule)
Ausbildung als Yoga-Lehrerin und Entspannungs-Pädagogin

Ca. 16 Jahre Tätigkeit als Autorin für Eltern-Ratgeber und pädagogische Fachbücher
(bislang 16 Buch-Veröffentlichungen); Freie Mitarbeiterin bei päd. Fachzeitschriften; Eigene
Praxis für Psychotherapie und Entspannung sowie Yoga-Schule (auch Kinderyoga)

Petra Lefin wurde 1966 in der Nähe von München geboren.
Sie studierte Graphik-Design an der Blocherer Schule und arbeitete
danach einige Zeit in verschiedenen Werbeagenturen, bis sie an der
Kunsthochschule in Kassel ein Studium der freien Kunst aufnahm.
Nach ihrem Abschluss war sie ein Jahr lang Meisterschülerin bei
Prof. Dorothee von Windheim. Heute arbeitet sie als freie Illustratorin
für verschiedene Verlage.